Amores de cafezais
Uma história de amor em Brejão

Editora Appris Ltda.
1.ª Edição - Copyright© 2025 dos autores
Direitos de Edição Reservados à Editora Appris Ltda.

Nenhuma parte desta obra poderá ser utilizada indevidamente, sem estar de acordo com a Lei nº 9.610/98. Se incorreções forem encontradas, serão de exclusiva responsabilidade de seus organizadores. Foi realizado o Depósito Legal na Fundação Biblioteca Nacional, de acordo com as Leis nºs 10.994, de 14/12/2004, e 12.192, de 14/01/2010.

Catalogação na Fonte
Elaborado por: Josefina A. S. Guedes
Bibliotecária CRB 9/870

A345a
2025
	Albuquerque, Valter
	    Amores de cafezais: uma história de amor em Brejão / Valter Albuquerque. – 1. ed. – Curitiba: Appris, 2025.
	    153 p. ; 21 cm.
	
	    ISBN 978-65-250-7378-1
	
	    1. Ficção brasileira. 2. Café. 3. Amor. I. Título.
	
	                                              CDD – B869.3

Appris editorial

Editora e Livraria Appris Ltda.
Av. Manoel Ribas, 2265 – Mercês
Curitiba/PR – CEP: 80810-002
Tel. (41) 3156 - 4731
www.editoraappris.com.br

Printed in Brazil
Impresso no Brasil

Valter Albuquerque

Amores de cafezais
Uma história de amor em Brejão

Curitiba, PR
2025

FICHA TÉCNICA

EDITORIAL	Augusto V. de A. Coelho
	Sara C. de Andrade Coelho
COMITÊ EDITORIAL	Ana El Achkar (Universo/RJ)
	Andréa Barbosa Gouveia (UFPR)
	Jacques de Lima Ferreira (UNOESC)
	Marília Andrade Torales Campos (UFPR)
	Patrícia L. Torres (PUCPR)
	Roberta Ecleide Kelly (NEPE)
	Toni Reis (UP)
CONSULTORES	Luiz Carlos Oliveira
	Maria Tereza R. Pahl
	Marli C. de Andrade
SUPERVISORA EDITORIAL	Renata C. Lopes
PRODUÇÃO EDITORIAL	Bruna Holmen
REVISÃO	Débora Sauaf
DIAGRAMAÇÃO	Amélia Lopes
CAPA	Lívia Costa
REVISÃO DE PROVA	Ana Castro

"A esperança era uma semente arraigada no solo fértil da determinação coletiva".

(Albuquerque, 2025)

Aos amores de minha vida, o pequeno Arthur Victor e minha amada Aldelany Cláudia, pelos dias compartilhados e por serem minha inspiração nesta busca incessante de metamorfose constante.

APRESENTAÇÃO

Seja muito bem-vindo, querido leitor, ao mundo encantado de *Amores de cafezais*. Ao abrir estas páginas, você embarca em uma jornada imersiva por um universo em que a rica cultura do café é pano de fundo para histórias de amor, superação e luta. O calor do sol que beija as folhas dos elegantes cafezais de Brejão nos brinda com uma atmosfera vibrante e cheia de vida. Aqui, cada grão colhido carrega a essência de sonhos, esperanças e desafios que marcam a jornada de seus protagonistas.

Você conhecerá Pedro, um jovem colhedor, cujo sonho de um futuro melhor pulsa em seu coração; e Ana, uma companheira de trabalho que, sob a superfície de sua doçura, guarda segredos e feridas. Juntos, eles nos conduzirão por uma narrativa repleta de emoções complexas, em que a simplicidade do cotidiano se entrelaça com a profundidade das relações humanas. Entre risos e lágrimas, entre o peso da colheita e a leveza de um primeiro amor, seus caminhos se cruzam em uma história que, sem dúvida, tocará sua alma.

Neste livro, não apenas contamos uma história; estamos aqui para abordar temas universais que ressoam em cada um de nós. A coleta de café não é só um ato de trabalho, mas também um símbolo de luta e resistência, refletindo as vidas de pessoas que se unem em busca de dignidade e respeito. Ao longo dos capítulos, você testemunhará como Pedro e Ana, com sua comunidade, enfrentam desafios que vão além do labor diário, transformando a adversidade em força e solidariedade.

Como autor, desejo que você sinta a poeira fina do café em suas mãos, ouça as risadas e os sussurros dos colhedores nos cafezais, e experimente a intensidade dos sentimentos que brotam entre os personagens. Cada capítulo foi cuidadosamente construído, desde a chegada do forasteiro, que desafia as tradições locais, até a celebração da colheita, que simboliza a união da comunidade. As tensões, os amores proibidos e as reviravoltas que surgem ao longo da narrativa refletem a complexidade da vida e da condição humana.

Este livro é uma oportunidade para refletir sobre sua própria jornada e os desafios que você enfrenta. Aqui, o amor é o fio condutor, algo que nasce e floresce mesmo em meio a tempestades. Como Pedro e Ana, você também poderá encontrar esperança nas relações humanas, mesmo quando tudo parece desmoronar à sua volta. A festa de colheita, por exemplo, não é apenas um mero evento, mas sim um testemunho da resiliência e coragem de um povo que se recusa a se deixar abater.

Ao final do livro, ao mais simples ato da colheita, que se transforma em um símbolo poderoso de união e amor, quero que você saia com a sensação de que, independentemente das dificuldades, a verdadeira riqueza está nas conexões que formamos uns com os outros. Cada grão de café é uma história; cada xícara compartilhada é uma memória que construímos juntos.

Portanto, prepare-se para se apaixonar, para sentir e para refletir. *Amores de Cafezais* é mais do que uma simples história; trata-se de uma celebração ao envolvimento humano, à coragem social e à força do amor, que sempre encontra o caminho, mesmo nas trilhas mais árduas. Espero que este livro traga a você uma experiência tão rica e profunda quanto o aroma de um café fresco, evocando memórias e sentimentos que aquecem o coração.

Com os melhores votos e que a leitura seja agradavelmente transformadora,

Valter Albuquerque

SUMÁRIO

Capítulo 1
A vida cotidiana nos cafezais.. 13

Capítulo 2
A chegada do forasteiro.. 23

Capítulo 3
O primeiro amor entre Pedro e Ana.. 36

Capítulo 4
Conflito entre os colhedores e o proprietário da fazenda..................... 47

Capítulo 5
A revelação de um segredo doloroso no passado de Ana..................... 58

Capítulo 6
A crise que atinge a comunidade... 68

Capítulo 7
A luta pela sobrevivência em meio às dificuldades financeiras............ 79

Capítulo 8
Controvérsias e rivalidades entre os colhedores................................... 91

Capítulo 9
O amor proibido se intensifica; descobertas e desilusões.................. 104

Capítulo 10
A grande festa da colheita... 117

Capítulo 11
Resoluções dos conflitos, reconciliações e a busca
por um futuro melhor 131

Capítulo 12
A nova esperança para Brejão 140

Capítulo 1
A vida cotidiana nos cafezais

O amanhecer em Brejão é um espetáculo que toca a alma. Os primeiros raios de sol despontam no horizonte, tingindo o céu de um laranja suave, enquanto os cafezais se despertam lentamente da penumbra da noite. O som único das folhas sendo colhidas ressoa como uma sinfonia nas plantações, em meio ao murmúrio suave do vento que parece sussurrar segredos ao ouvido de quem se atreve a escutá-lo. O aroma do café fresco se espalha pelo ar, penetrando nas narinas e trazendo um conforto sem igual, como um abraço quente em um dia gelado.

Brejão é um pequeno vilarejo, marcado pela simplicidade e pela força de seus habitantes. As casas, em sua maioria modestas, são alinhadas ao longo de uma única rua que serpenteia como um rio entre as colinas verdes. Aqui, a vida gira em torno dos cafezais, que não são apenas uma fonte de trabalho, mas a essência da própria comunidade. Os colhedores acordam antes do sol nascer, deixando para trás os sonhos em suas camas, para se dirigirem a esses campos tão conhecidos e tão queridos, onde a esperança renasce a cada ciclo de colheita.

Entre sorrisos, correria e um forte sentido de união, eles iniciam a rotina do dia, armados com cestos e mãos calejadas pelo trabalho árduo. Cada batida de pele contra a casca do fruto é um ritual, um ato de amor à terra que os sustenta. Os mais velhos, guardiões de histórias e segredos, compartilham risadas e aumentam o sabor das pausas para o lanche com lembranças que só ganham vida sob a sombra fresquinha das árvores. A música do convívio os abraça como um manto, criando laços que transcendem a simples colaboração entre eles.

As mãos de Pedro, um jovem colhedor de café, se movem com destreza ao longo das plantas. Ele respira fundo, absorvendo a vida ao seu redor. Seu olhar brilha com a luz do sol e da esperança, sonhando com um futuro que ainda parece distante. O que para muitos é um cotidiano, para ele, é um campo fértil de sonhos. Pedro anseia por conquistar mais do que os dias exaustivos: ele busca uma condição que possa transformar suas aspirações em algo real. A cada grão que colhe, uma nova possibilidade se forma em sua mente, um desejo de mudança que ecoa dentro de seu coração.

A beleza do café que também traz à tona a figura de Ana; uma jovem misteriosa, que percorre as mesmas trilhas de Pedro, mas carrega nas costas uma aura de complexidade e emoções ocultas. Em seus olhos, há um brilho que não se explica facilmente. Ana observa tudo ao seu redor, absorvendo cada risada, cada sussurro, enquanto o sol toca seus cabelos, transformando-os em seda dourada. Ela não é apenas uma colhedora; é um enigma que se desenrola lentamente nos cafezais, contando histórias que ficam presas em suas memórias.

Ana pratica seu trabalho com determinação, mas há uma fragilidade em sua postura que a torna ainda mais intrigante. Seu passado, marcado por tragédias que a moldaram, é um mistério que Pedro deseja desvendar. As interações entre eles são carregadas de expectativa. Olhares que se cruzam rapidamente, sorrisos tímidos, e palavras que dançam no ar, como promessas não ditas, criam uma conexão palpável. Cada manhã nos cafezais torna-se um espaço para cultivar não apenas café, mas também os sentimentos que os unem, mesmo que eles ainda não saibam o caminho que essa união tomará.

O amanhecer nos cafezais de Brejão é o prelúdio de vidas entrelaçadas, onde cada nota da rotina traz consigo a possibilidade de transformação. Infinitos sonhos aguardam para serem colhidos, assim como os frutos nas árvores, e a vida se revela em meio ao difícil labor da colheita. A jornada de Pedro e Ana começa neste caldo riquíssimo de emoções, imerso em um ar que respira esperança, amor e a promessa de algo grandioso. Ao soltar as primeiras risadas da manhã, eles não sabem que essa será apenas a primeira página de uma história, onde o amor e os desafios dançam em perfeita harmonia na busca por um futuro melhor.

Pedro enchia seu cesto com delicadeza, passando os dedos pelos grãos enrugados e verdes que pendiam da planta. Cada fruto colhido carregava em si uma história, um esforço coletivo feito por suas mãos calejadas e sonhadoras. Ele olhou para o céu azul acima, iluminado pelo sol já forte, e nesse momento, sentiu que qualquer coisa era possível. Entre as colheitas diárias e as conversas animadas com os colegas, o jovem se permitia sonhar em voz alta, imaginando não apenas um futuro diferente, mas a transformação do presente.

Ao seu lado, Ana trabalhava em um silêncio quase contemplativo. Havia algo de poético na maneira como ela manipulava os grãos; seus movimentos eram graciosos, como se estivesse dançando com a própria terra. Diferente de Pedro, ela guardava para si suas inquietações, e os olhos que precederam a sua expressão eram como um livro cujas páginas estavam fechadas. Ana havia aprendido a esconder suas emoções, forjada pelas cicatrizes de um passado que não estava pronta para revelar. A primeira impressão que as pessoas tinham dela era de mistério; o que poucos conseguiam perceber é que, por trás daquela fachada, existia uma alma inquieta, ansiando por liberdade e compreensão.

Os colhedores muitas vezes se misturavam em um balé de risadas e histórias compartilhadas. Em cada pausa, as sombras projetadas pelas folhas das árvores se transformavam em refúgios. Nesses momentos, Pedro imaginava que poderia perguntar a Ana sobre sua vida, mas a coragem esvaía-se diante da incerteza. Muitas vezes trocavam olhares, e a conexão entre eles se tornava um fio invisível que apenas os dois podiam sentir. O entendimento sobre aqueles silêncios se ampliava com o tempo, algo que ambos estavam dispostos a explorar, mas que ainda não tinham o necessário para descobrir a profundidade.

Os outros colhedores apelidavam Ana de "a enigmática dos cafezais". Nela, havia uma força serena, mesmo quando sua vulnerabilidade se manifestava. Muitas vezes, ela partilhava dos risos dos colegas, mas havia um olhar distante que traía suas inquietações internas. Pedro notou que, durante os momentos de risadas, ela costumava se isolar um pouco, como se as palavras flutuassem ao seu redor, e a música da amizade penetrasse de forma diferente. Porém, em breves instantes, quando Elena, uma veterana do grupo, contava histórias sobre os tempos antigos, Ana parecia enredada, quase como se o que era contado a fizesse reverberar um eco no passado que guardava.

Entre as nutrições compartilhadas e os atritos das memórias, cada colhedor cultivava sua identidade. Ana e Pedro não eram diferentes. Eles representavam um emaranhado de esperanças e frustrações que definiam o cotidiano daquela comunidade. Pedro sonhava em ser mais. Trabalhava duro e sonhava com um emprego em uma fazenda maior, onde seus esforços poderiam render frutos mais sorteados. O desejo de sair de Brejão era um ardor constante em seu coração, impulsionado pela percepção de oportunidades ainda não exploradas. Mas, ao mesmo tempo, havia uma leve raiva na ideia de deixar Ana, que se tornava cada vez mais significativa a cada dia que passava.

Durante um dia mais ensolarado, enquanto esperavam o almoço, Pedro decidiu finalmente romper o silêncio. Com um sorriso nervoso, ele se aproximou de Ana. "Você gosta de café?" perguntou, meio incerto. Ela olhou para ele, e em seu olhar ele encontrou a curiosidade. Foi a oportunidade que precisava.

"O dia que você me ensinar a fazer um café de verdade", Ana retrucou com um sorriso maroto, "Eu te ensino a dançar no pé de café". Ao ouvir as palavras dela, uma onda de alívio e alegria percorreu o corpo de Pedro. O ambiente não era apenas uma plantação; era um local onde as conexões se formavam e o amor florescia.

Assim, entre colheitas e sonhos, os dois começaram a traçar um caminho em direção à descoberta um do outro. O tempo passava, e quando a brisa fresca começava a ser o sinal do final do dia, eles percebiam que, em meio ao labor, estavam também construindo laços que ousavam sonhar com algo maior. Cada grão deixado claro pela luz do entardecer refletia não apenas a vida dos cafezais, mas a beleza que brotava entre eles – uma semente de esperança que, assim como o café, precisava do calor e do amadurecimento para florescer.

As interações entre Pedro e Ana nos cafezais de Brejão continuavam a se desenhar em meio a risadas e a voz calorosa dos amigos. Os colhedores, todos juntos ao redor da mesa de madeira desgastada sob a sombra da única árvore que proporcionava abrigo ao calor forte do sol, compartilhavam histórias que ressoavam como música ao ouvir, cada uma delas imbuída de algo especial.

No centro da roda, havia uma energia palpável. Histórias de sucessos passados misturavam-se a relatos mais divertidos e até absurdos. O velho Toinho, sempre com um sorriso largo nos lábios e uma piada pronta, fez todo o grupo rir ao lembrar de como uma vez, no meio da colheita, um gato da vizinhança se meteu em seu cesto e ficou lá, descansando, enquanto ele colhia, sem se importar com o alvoroço. Todos riam, e o eco das gargalhadas se espalhava entre os cafezais, fazendo a tarde parecer ainda mais alegre.

"Sabem o que é ser um bom colhedor? É ter charme até na hora de colher café!" Toinho exclamou, puxando mais risadas e brincadeiras. Pedro olhava Ana de lado, seu coração pulsando mais rápido a cada troca de olhares que acontecia entre eles. Foi nesse momento que se deram conta de que compartilhavam um sorriso genuíno, que qualquer barricada que ainda existia entre eles começava a se desmanchar, uma tendência de leveza surgindo.

Quando a conversa esquentou, Ana decidiu aproveitar a deixa dada por Toinho e se lançou em um desafio. "Se você é tão bom colhedor assim, Toinho, que tal uma competição? Vamos ver quem colhe os melhores grãos em cinco minutos!". Seu olhar desafiante iluminou seu rosto de maneira encantadora. Pedro mal podia conter a vontade de participar; ele se levantou rapidamente, pronto para entrar na disputa.

"A competição será justificada, então!". Pedro anunciou, e logo todos se levantaram, alguns brincando que quem perdesse deveria fazer um almoço para todos, e outros que o prêmio seria um mapa do tesouro que Toinho diz que foi encontrado no fundo de seu cesto um dia.

As quatro mãos se movimentavam sem parar, a adrenalina pulsando nas veias enquanto os grãos ressoavam nas cestas. A disputa era mais do que apenas uma competição; era um reafirmar das conexões que ali estavam se formando, cada um incentivando o outro a continuar, evidenciando um jogo amistoso de risadas e apoio. A ideia de que cada um poderia fazer parte de algo absolutamente belo e único os unia em um laço que ia além do simples ato de colher.

Ana respirava ofegante após os minutos de competição lado a lado, e seus olhos brilharam ao ver que Pedro havia conseguido colocar um pouco mais de café em sua cesta. Aquela competição trouxe à tona não apenas o espírito de colheita, mas um renascimento das esperanças compartilhadas entre eles. Ali estavam cimentando laços que se entrelaçam como as vinhas sobre os cafezais, um mundo que, com cada dia que passa, se torna mais belo e cheio de promessas.

O grupo finalmente sentou-se novamente à sombra da árvore, agora cansados, mas exultantes. A disputa não era o que realmente importava; era a camaradagem, as histórias e as memórias que estavam construindo juntos. As frutas recolhidas agora não eram apenas café; eram fragmentos de um futuro que, embora incerto, se apresentava como algo valioso e repleto de possibilidades.

A tarde começava a se resolver para o entardecer, ardendo em tons de laranja e vermelho enquanto o sol se despedia de mais um dia em Brejão. Uma nova leveza invadia a atmosfera; Pedro e Ana tinham se aproximado de uma forma que nem ao menos tinham percebido, com seus sorrisos agora se cruzando mais frequentemente, como se fosse uma dança afinada, a melodia de seus corações batendo ao mesmo ritmo da evolução daquela história que apenas começava.

Naquela pequena e acolhedora roda de amigos, a vida brotava de novas esperanças, e o aroma do café, uma vez mais, invadia as narinas como um lembrete constante das lutas e amores que estavam por vir, um prenúncio de todas as belezas que se escondiam sob a superfície dos cafezais. E assim, Pedro e Ana começaram a perceber que sua conexão espiritual também florescia entre as folhagens, criando um novo sentido de pertencimento no seio de seus sonhos mútuos.

Pedro sentou-se em um tronco caído, seu olhar perdido entre as fileiras de cafezais que se estendiam até onde a vista alcançava. Os pássaros cantavam nas árvores e a natureza pulsava ao seu redor, mas a mente do jovem estava longe dali, atrás das fronteiras de Brejão, em direção a um futuro que ainda parecia nebuloso. Ele se perguntava se realmente tinha a capacidade de moldar sua própria vida. O que seria preciso para transformar esses sonhos em realidade?

Embora Pedro tivesse uma vida simples, a semente da ambição havia brotado em seu coração. Ele refletiu sobre as conversas que sempre escutou entre os mais velhos, aqueles que tanto lutaram para fazer do café uma fonte de orgulho para a comunidade. "Cada grão colhido traz consigo uma história; cada xícara servida tem o potencial de mudar vidas", dizia o velho Toinho, sempre inspirado na importância do café, não apenas como bebida, mas como símbolo de resiliência.

Ana, por sua vez, reunia coragem para enfrentar suas próprias dúvidas. Muitas vezes, a frustração a consumia ao perceber que seu passado a tornava uma estranha em seu próprio espaço.

O peso da história que carregava era difícil de ignorar. Ela recordava-se de momentos em que tudo parecia perfeito, até que a realidade a puxava para baixo. O desejo por liberdade sussurrava em seu coração, mas a dúvida ainda a travava. "Eu poderia simplesmente me levantar e ir... mas, e se lá fora não houvesse nada além do que já conheço?", pensava ela.

Durante a colheita, Ana começou a perceber que suas inseparáveis conversas com Pedro estavam mudando um pouco. Ele tinha o talento de iluminar até os dias mais sombrios. Cada palavra dele, cheia de esperança e sonhos, a encorajava a acreditar, mesmo que por um momento, que poderia ser mais do que era até então. Um dia, enquanto as mãos se moviam automaticamente por entre as folhas, ela deixou escapar um pensamento. "O que você quer ser, Pedro?", indagou Ana, sem saber que aquela pergunta desvelaria mais do que apenas um futuro.

Pedro hesitou, mas os olhos de Ana o instigavam. "Quero comandar minhas próprias colheitas, ser um empresário do café antes que alguém descubra o que realmente sou". As falas dele transbordavam um desejo intenso e Ana não pôde conter o sorriso. Ele parecia feito de sonhos, e essa era uma fraqueza que tanto a atraía quanto a assombrava. Poderia ela, de alguma forma, acompanhar esse sonho? E se a resposta fosse não? A insegurança a envolvia como uma nuvem escura, interrompendo a calma de momentos felizes.

Ao final de mais um dia sob o ardor do sol, enquanto as sombras começavam a se alongar, Pedro e Ana sentaram-se sob a mesma árvore que testemunhara tantas risadas. O ambiente que os cercava transformava-se em um templo de verão que prometia um futuro vibrante.

"Se pudéssemos, para onde você iria?", perguntou ele, olhando ao horizonte. Ana sentiu que essa talvez fosse a primeira vez que o mundo parecia tão irreal. "Eu iria para um lugar onde posso ser livre, sem amarras do passado, como um aldeão nas florestas, continuando minha jornada", respondeu Ana, deixando a vulnerabilidade à mostra.

Pedro percebeu naquele instante que cada resposta de Ana era uma peça de seu quebra-cabeça emocional. A vida que ambos desejavam tinha se apresentado naquele pequeno espaço, revelando desejos latentes que pulsavam entre sorrisos e incertezas.

E assim, a conexão entre eles foi se fortalecendo, como brotos novos entrelaçados na vigorosa árvore que se erguia acima, refletindo não apenas o potencial da colheita, mas também da formação de um futuro feito à mão. O calor da tarde se tornou um calor acolhedor de promessas, e nesse misto de esperança e receio, a história deles começava a gravar seu enredo nas páginas do imprevisível e excitante cotidiano nos cafezais de Brejão.

As colheitas tornavam-se uma dança, uma celebração de não apenas grãos que eram selecionados, mas de um amor que florescia em meio aos cafezais, embrulhado em uma jornada de descobrimentos compartilhados. A vida ao redor, vibrante e emocionante, refletia o ressoar do coração de dois sonhadores prontos para enfrentar o mundo e fazer história, juntos, sob o vasto céu de oportunidades.

Capítulo 2
A chegada do forasteiro

A chegada de um forasteiro em Brejão ressoou como um tambor ecoando por entre os cafezais, despertando curiosidade e expectativa. As notícias sobre o novo convidado rapidamente se espalharam pela pequena comunidade, trazendo à tona mistos de esperança e temor. Os colhedores, que passavam os dias dedicados à colheita do café, sentiam o ar vibrar com a possibilidade de mudanças iminentes. O sol começava a se pôr, tingindo o céu de um dourado intenso, enquanto os rostos se voltavam para a estrada poeirenta que levava ao vilarejo. Entre sussurros e olhares, o sentimento de que algo grandioso estava prestes a se desvelar tomava conta da atmosfera.

O forasteiro, um homem alto e esbelto, chegou em uma velha caminhonete que parecia ter histórias para contar. Seu olhar refletia mundos distantes, e suas vestes, ambas simples e elegantes, carregavam a autenticidade de alguém que não era de lá, mas que parecia saber muito sobre a vida e seus segredos. Ao desmontar, ele se apresentou como Eduardo, um agricultor viajante que buscava compartilhar seus conhecimentos sobre cultivo sustentável. As palavras "sustentável" e "inovação" se espalharam como fogo em palha seca, capturando a atenção dos mais jovens, enquanto outros, mais conservadores, viam nele uma ameaça ao modo de vida que já durava gerações.

Pedro e Ana também estavam entre os que observavam a chegada de Eduardo. As mãos de Pedro estavam sujas de terra, e seus olhos queimavam de um misto de curiosidade e expectativa. Enquanto isso, Ana, com curiosidade e um brilho no olhar, se perguntava o que aquele homem traria para suas vidas simples, mas cheias de sonhos. O jovem sonhava em ser mais do que um mero colhedor; indo além das plantações, ele aspirava a um futuro em que o café cultivado por suas mãos poderia ser ainda mais valioso. Ana, por sua vez, ponderava a possibilidade de transformação em um presente que parecia trancado em seu interior.

Os colhedores começaram a se reunir em torno de Eduardo, atraídos por suas palavras certeiras. Ele falava de suas experiências em várias regiões do Brasil, onde havia aplicado técnicas de agroecologia que não apenas enriqueceram o solo, como também aumentaram a produção e a qualidade do café. "Um café bem cultivado pode contar a história de um legado, de tradições, de um povo", dizia ele, gesticulando com entusiasmo. Suas promessas ressoavam como promissórias sobre um futuro melhor, envolvendo os ouvintes em um emaranhado de esperança e incerteza.

O contraste entre as vozes entusiasmadas dos jovens e as descrenças dos mais velhos era palpável. O proprietário da fazenda, um homem robusto de cabelos grisalhos e uma carranca que parecia eternamente enrugada pela preocupação, observava a agitação à distância com uma expressão de desaprovação. Para ele, tudo aquilo era um sinal de desobediência à tradição; assim que adentrou na fazenda e viu a algazarra, sentiu um gemido surgir em sua garganta. Não poderia permitir, pensava, que ideais estranhos invadissem suas terras.

E essa colisão de ideais parecia criar um muro invisível entre os colhedores. Enquanto muitos estavam seduzidos pelas ideias de Eduardo, outros temiam que essa nova filosofia levasse à fragmentação da comunidade e à perda de suas práticas. Durante a palestra, Pedro cruzou olhares com Ana mais de uma vez. Ela parecia assente em cada palavra do forasteiro; não era apenas a sedução das promessas que a movia, mas um desejo profundo por mudança, mesmo que escondido sob a superfície de suas inseguranças.

Entre risos e conversas animadas, também havia quem se indignou. Figuras conscienciosas insistiam que as mudanças não deveriam ser apressadas. Havia um velho ditado que a avó de Pedro sempre repetia: "A terra, como o coração, precisa de amor e tempo para florescer." Ele ainda sussurrava em sua mente, mesmo em meio a todo o alvoroço que rodeava a comunidade.

Pedro, ainda agarrado a esses ramalhetes de tradições, tomou coragem e se levantou em meio ao público. "E se essas novas técnicas realmente puderem nos ajudar? E se servirem como uma ponte para os nossos sonhos?", questionou, com a voz tremendo de nervosismo. Ana sorriu, reconhecendo a bravura dele ao se posicionar, mesmo diante da resistência de muitos. Olhares se voltaram para ele com espanto, prontos para cravar sua presença na história; e, com isso, a dinâmica de sua própria crença começou a se moldar para uma nova possibilidade.

As conversas que surgiram a partir do discurso de Eduardo tinham um sabor estranho por trás da doçura, um misto de aversão e anseio. O jovem colhedor enfrentava agora dois mundos que coabitavam em seu ser: o amor pela terra e a ambição por um futuro diferente. Entre suspiros e incômodos, as tensões começaram a difundir-se assim como aroma do café que dissemina seu odor, sutilmente a desconfiança se instalava entre muitos colhedores, motivados por suas lutas intensas pela conquista de espaços e realizações.

Durante a semana seguinte, os efeitos da chegada de Eduardo tornaram-se mais profundos, moldando o cotidiano e derretendo a rotina que antes parecia sólida como a rocha. O impasse na fazenda criava novos diálogos entre amigos e colegas, enquanto as interações se tornavam mais carregadas de significado. Pedro e Ana, sempre unidos em suas incertezas e anseios, sentiam que a presença de Eduardo também produzia um fogo escondido dentro deles. Uma chama que poderia iluminar não apenas os caminhos que escolhiam, mas o que ambos poderiam conquistar juntos.

E assim, entre desafios e promessas, as histórias de todos começaram a se entrelaçar, criando uma tapeçaria rica de emoções e desejos na pequena Brejão. A possibilidade de transformação pairava no ar, e com isso, a perspectiva de cada colhedor mudava. O futuro, embora indefinido, estava prestes a ser moldado pelas decisões que agora eram difíceis, mas necessárias. A linha tênue entre o ordinário e o extraordinário começava a se borrar, enquanto cada um interiorizava o que significava essa mudança.

Pedro e Ana, ao lado de todos os colhedores, iriam descobrir se eram capazes de encarar a realidade que emergia: uma realidade onde tradição e inovação dançavam em um novo ritmo, onde seus sonhos poderiam finalmente se tornar tangíveis e reais, mesmo na fragilidade daquele sorriso escondido entre os cafezais.

A presença de Eduardo em Brejão estava mais viva do que nunca, vibrando nas memórias, nas expectativas e nas dúvidas de cada colhedor. Naquela tarde ensolarada, ele fez questão de reunir todos ao redor de uma mesa improvisada, coberta por uma toalha florida, típica das festas de colheita. As vozes animadas dos cafezais pareciam se misturar à música que brotava de sua oratória, que era ao mesmo tempo didática e envolvente. Eduardo foi se mostrando não apenas um homem de conhecimento, mas também alguém que parecia genuinamente se importar com o futuro daquela comunidade.

"Olá, amigos!" ele começou, seu tom vibrante ecoando pelo ar fresco da tarde. "Hoje, quero falar sobre como o que vocês cultivam aqui pode ser muito mais do que simples colheitas. Um café bem cultivado pode transformar não apenas suas vidas, mas também a vida de muitas outras pessoas.".

O brilho nos olhos dos jovens colhedores apimentou ainda mais a atmosfera. Pedro, entre os ouvintes, sentiu seu coração acelerar ao pressentir que aquelas palavras poderiam trazer uma reviravolta para suas vidas. Ao lado dele, Ana assistia fascinada, descobrindo gradualmente a força das ideias que fluíam daquele homem. Seu olhar se cruzou com o de Pedro, e um silêncio compreensivo passou entre eles, como uma silenciosa troca de promessas: de se atrever a sonhar mais alto.

Eduardo continuou, compartilhando histórias de outras regiões que haviam abraçado a sustentabilidade. "O nosso café não precisa ser apenas um produto, mas pode se transformar em um ícone de qualidade e responsabilidade. Já imaginou o impacto que ter suas plantas orgânicas e respeitar a colheita pode ter em sua vida financeira e emocional?". As questões que levantava reverberam na mente de todos, especialmente em Pedro, que sentiu a vontade crescente de se aventurar ali.

A discussão animada prosseguiu, cada um compartilhando questões e perspectivas, desconstruindo as barreiras entre passado e futuro. Mas para alguns, como o proprietário da fazenda, essa nova filosofia era um golpe contra décadas de tradição. Ele observava de uma distância calculada, sua expressão emburrada contrabalançando o entusiasmo que dominava o ar. Era um antagonista em meio a um conto de desenvolvimento e renovação. A ideia de que um forasteiro pudesse mudar o jeito de viver de uma comunidade consolidada desafiava não apenas seu modo de administrar, mas, principalmente, tudo o que ele acreditava ser o sucesso profissional.

Assim, a ironia se infiltrava na tarde resplandecente. A resistência daquele homem mais velho e habituado ao poder se tornava tão palpável quanto a expectativa renovada dos jovens. As conversas ao redor da mesa serviram como catalisadores, unindo desejos e esperanças em um só propósito. Pedro e Ana eram testemunhas desse processo, com os olhos atentos, absorvendo toda a emoção da experiência.

Em meio a risadas e elogios, um desafio foi oferecido. Toinho, o tradicionalista bem-humorado, não hesitou em provocar: "E se o Eduardo conseguir dobrar a produção de café na próxima colheita? O que temos a perder, como não se arriscar a sonhar?". As palavras despertaram ainda mais excitação, e toda a comunidade começou a encantar-se pela ideia de inovação.

Enquanto isso, Pedro e Ana viam-se em uma nova intersecção de seus caminhos. As inquietações que antes eram sombras em seus corações agora iluminavam suas mentes com uma nova luz. A imagem de um futuro vibrante, onde sonhos eram aliados da realidade, começava a se formar. A atmosfera parecia outra, metaforicamente mais leve. Entre os olhares esperançosos e palpitações dos corações, estavam não apenas colhedores, mas sonhadores prontos para transformar suas histórias.

Cada um deles estava à beira de uma nova descoberta, sejam revelações pessoais, sejam mudanças que poderiam avizinhar um novo modo de vida. De repente, as raízes que os tinham amarrado ao passado pareciam moldáveis, convidando a todos a criarem seus próprios destinos, dançando entre tradição e inovação, enquanto o cenário resplandecente de Brejão se tornava não apenas um local de cultivo, mas um lar de infinitas possibilidades a serem escolhidas.

E quanto mais Eduardo falava, mais eles se deixavam envolver pela ideia de que podiam cultivar tão bem a terra quanto seus sonhos. Ao voltar para casa naquela noite, a sensação de mudança começou a se implantar nas mentes de Pedro, Ana e de toda a comunidade, como uma semente pronta para florescer no solo das novas promessas. Uma nova era estava prestes a começar em Brejão, e eles se viam ansiosos, prontos para se deixar levar por essa correnteza de novas ideias, que poderia muito bem levá-los para longe do que jamais culparam como destino apenas por serem colhedores de café.

A tensão pairava no ar, quase palpável, enquanto o sol começava a se pôr no horizonte. Os cafezais, cobertos por uma luz dourada, pareciam abrigar os sussurros da preocupação dos colhedores que se reuniam, um a um, para se deparar com Eduardo e seu ideal transformador. Mas, acima de tudo, uma figura se destacava entre eles, o proprietário da fazenda, Senhor Tobias, um homem de cabelos grisalhos e olhar penetrante, que se posicionava como a barreira entre a tradição e a modernidade.

"Esse é o último de nossos cafezais?", questionou Tobias, sua voz ressoando com um tom ameaçador. "Onde já se viu aceitar conselhos de um forasteiro que veio de longe? Ele não entende nada sobre nosso modo de vida, não possui o estofo para decidir o que é bom para nós.". Um murmúrio de discordância brotou entre os colhedores, mas o temor de contrariar de imediato o homem de poder silenciou suas vozes.

Eduardo, com um sorriso gentil que denunciava confiança, não deixou a postura adversa abalar seu espírito. "Respeito suas raízes, Tobias; não estou aqui para desmerecer o que se construiu ao longo de gerações. Apenas para oferecer um novo olhar sobre as possibilidades que podem fortalecer ainda mais a sua colheita.".

A briga continuava verbalmente a crescer; cada palavra trocada entre Eduardo e Tobias era como acender um rastilho em meio a pólvora. O desejo de ousar *versus* a necessidade de preservar um legado se confrontava de maneira veemente. Enquanto os jovens colhedores se dividiam entre o desejo de evolução e o apego à tradição, Pedro e Ana observavam em silêncio, suas esperanças e medos se entrelaçando a cada momento.

"Eduardo, e se, na verdade, você estiver apenas interessado em promover suas ideias e ganhar espaço? O que você quer de nós?", questionou um dos colhedores, refletindo o ceticismo reinante. Os sussurros se transformaram em um clamor de incerteza. A presença de Eduardo erguia expectativas, mas também agravava animosidades.

Pedro notou o semblante de Ana, cujas feições eram uma sombra de seu próprio afeto e apreensão. Ele vislumbrou a possibilidade de que outras vozes, como a de Eduardo, pudessem, sim, trazer alguma mudança benéfica. Ao mesmo tempo, se perguntava se, ao abraçar essas novas ideias, realmente estaria se afastando de quem era. O embate gerava um questionamento interno profundo, e ele se viu atravessando uma ponte entre a tradição que tanto amava e a novidade que prometia mais.

Entre olhares que refletiam tanto a paixão quanto a desconfiança, o grupo começou a se dispersar. Eduardo respirou fundo, percebendo que aquela era uma confrontação mais do que necessária; era uma oportunidade de dialogar e validar as experiências que aqueles cafezais tinham a oferecer. Ele se dirigiu a Pedro e Ana, abordando-os com um sorriso caloroso.

"Quero saber como vocês veem essa batalha entre o novo e o velho. Vocês estão dispostos a explorar essa jornada comigo?". A pergunta caiu como um raio sobre duas almas inquietas, em um momento que decidira ser intenso e revelador. Ana olhou de relance para Pedro, que hesitava em responder, sua mente dividida entre as tradições que o confortavam e as possibilidades que o despertavam.

Os olhares se cruzaram na firme disposição de falar, de se expor. Respirando fundo, Pedro finalmente encontrou sua voz. "Acho que todos nós só queremos aquilo que é bom para Brejão, e isso pode muito bem significar uma fusão das nossas ideias. Não precisamos escolher entre um ou outro.". Suas palavras ecoaram como um chamado à unidade, interrompendo a divisão que havia se estabelecido.

Enquanto Eduardo sorria, Ana fez o mesmo, sentindo que o momento serviria para fortalecer os laços entre os dois, mesmo em meio à tempestade que se formava. O embate entre Eduardo e Tobias adquiriu um novo tom, com Pedro como um intermediário, abrindo espaço para que a razão pudesse prevalecer. E ali, entre as interrogações, tudo parecia estar interligado por uma linha tênue: uma comunidade que estava no cume de uma transformação, um romance florescendo na poeira do café e um sonho que ansiava por se materializar, pleno e evocativo.

Naquele pequeno vilarejo, o amor também começava a manifestar-se à medida que esperanças e tradições se misturavam nas sombras e luz. Tudo havia mudado, e um novo caminho se abria à frente, corroído de emoção e determinação por um futuro no qual o encontro de mundos poderia, talvez, gerar algo grandioso e inesquecível.

A tensão no ar permanecia palpável, enquanto os colhedores dispersavam-se após a reunião polêmica. Nas margens da comunidade, a figura de Pedro emerge forte, refletindo sobre o que havia ouvido. As palavras de Eduardo ecoavam em sua mente, misturando-se com as expectativas e ansiedades que o acompanhavam. Ele não podia ignorar o chamado que sentia, essa imensa possibilidade de transformação que a chegada do forasteiro trazia. Mas, ao mesmo tempo, a perspectiva de romper com a tradição fazia seu coração vibrar em resistência.

Enquanto isso, Ana se afastava do grupo, envolta em seus próprios pensamentos confusos. A animação que sentira ao ouvir Eduardo ficara coberta por uma nuvem produzida pelo medo do desconhecido. O que significaria essa mudança para sua vida? Uma parte dela queria se conectar a essa nova realidade, abraçar a esperança que emergia, mas outra parte se agarrava às memórias de um passado doloroso e de incertezas. A dúvida a consumia, tornando-a refém de sua própria hesitação.

Os olhos de Pedro a encontraram, e ele se aproximou, buscando o conforto de uma conversa, de um entendimento mútuo em meio à tempestade emocional que os cercava. "Oi, Ana... você está bem?", perguntou, a preocupação transparecendo em sua voz. A resposta dela, na verdade, estava em seu olhar profundo que refletia as sombras de sua alma.

"Oi, Pedro. Estou pensando", ela respondeu com um sorriso tímido, que não conseguia ocultar a dúvida subjacente. "É tudo tão novo e inusitado. O que você acha de tudo isso?". O questionamento dela era mais do que simplesmente uma busca por opinião; envolvia a própria essência de suas aspirações e medos.

"Eu... eu acho que devemos estar abertos. Eduardo tem ideias válidas, e talvez seja hora de olharmos para o futuro de uma maneira diferente", Pedro disse, sua determinação começando a tomar forma em meio à incerteza de suas palavras. O brilho da esperança acendeu-se dentro dele, e ele queria que Ana participasse daquela chama que o motivava.

"Mas e nosso passado? E tudo que aprendemos?", Ana retrucou, com um leve tremor na voz. "O que acontecerá se abrirmos mão do que sempre essencialmente fomos?". A luta interna dela se materializava em um discurso ansioso, desnudando o quanto se sentia insegura sobre o seu lugar no novo mundo que parecia se desenhar à sua frente.

"Eu não acho que seja sobre abrir mão", insistiu Pedro. "Acho que podemos manter nossas raízes, e ainda assim abraçar o novo. Esse foi o legado que nossos pais nos deixaram: a força da continuidade e da inovação. Um não exclui o outro!". Percorrendo as palavras com firmeza, Pedro conduziu Ana por meio das suas próprias reflexões, esperando que ela pudesse encontrar conforto e determinação.

Ambos sentiram a força dos laços que os uniam, enquanto as palavras dançavam entre eles; uma intimidade crescente se manifestava em meio às competências e dúvidas. Rafael, um amigo próximo, havia se juntado a eles. Sua presença se fez sentir, trazendo uma nova perspectiva ao diálogo. "Pessoal, e se a gente decidir experimentar? O que temos a perder? Estamos numa colheita! Portanto, mais vale o risco do que ficar parado", ele lançou, enchendo o espaço com jovialidade.

"Explorar novas técnicas poderia nos fazer aprender, crescer e aumentar nossa produção. Imagine nossos produtos se destacando no mercado, como de ponta, sustentáveis! Isso pode representar não só café, mas um simbolismo de esperança, um fortalecimento da nossa comunidade", completou Pedro, seus olhos brilhando ao desenhar um futuro onde todos conquistavam sua porção da liberdade.

Ana ouvia atenta, mas a hesitação a impedia de se deixar levar. "E se não der certo? Tenho receio de que nossas tradições se percam, e com elas, nossa identidade", confessou em meio a uma afirmação que drenava sua confiança. Ela sabia que o medo era uma sombra que desafiava seus passos, e suas palavras carregavam a força de suas emoções mais obscuras.

Pedro estendeu a mão e Ana a segurou por instinto. "E se formar novos laços de união e amizade for exatamente o que precisamos agora? Imaginar um Brejão inteiramente renovado nos brinda com sonhos, não nos centra em perder o que construímos. Eu não deixarei você pra trás nessa jornada. Juntos, podemos enfrentar o que quer que apareça!". O calor nas suas palavras foi como um bálsamo, e Ana começou a sentir-se encorajada, iluminada pela genuína força que Pedro projetava.

"Talvez... talvez eu esteja pronta. Podemos não ter todas as respostas agora, mas se estivermos juntos nessa, talvez a mudança não seja tão assustadora", Ana se deixou levar pela ideia, num gesto mais firme. O conhecimento de que estavam unidos tornava a novidade menos temida e abria espaço para novas conexões, novos riscos e até novos amores.

Assim, entre promessas feitas, diante da luz do sol a se pôr, Pedro e Ana permitiram-se sonhar, criando suas histórias entrelaçadas e lançando uma nova perspectiva nas esperanças que germinavam em suas almas. O que anteriormente eram interrogações, tornaram-se um manifesto de suas próprias existências, porque, juntos, enfrentavam um futuro que estava gerando um eco muito mais poderoso que qualquer um deles poderia imaginar.

E, à medida que a noite caía, uma nova caminhada por entre os cafezais de Brejão começava a se inscrever na história de seus corações. Uma jornada de descobertas, mudanças e muitos cafés fresquinhos, onde a esperança crescia como colheita e o amor brotava como flores em meio à terra.

Capítulo 3

O primeiro amor entre Pedro e Ana

O sol começava a aquecer os campos de Brejão, trazendo uma nova esperança para a vida nos cafezais. Nas primeiras horas da manhã, quando a alvorada tingia o céu com tons de rosa e dourado, Pedro e Ana se encontravam, lado a lado, entre as plantações. Ali, sob a sombra das árvores frutíferas, a conexão entre os dois começava a florescer, como as flores dos cafeeiros que despertavam com a luz do dia.

A atmosfera ao redor era encantadora. O perfume do café fresco flutuava no ar, misturando-se ao cheiro úmido da terra recém-cultivada. O canto dos pássaros anunciava que mais um dia se iniciava, e, naquele instante, o ritmo dos corações de Pedro e Ana pulsava em sincronia. A repentina proximidade permitia que os sorrisos deles iluminassem o semblante um do outro, trazendo um calor que ia muito além do sol da manhã.

Durante a colheita, entre risos e partilhas, os dois trocaram segredos, em pequenos diálogos repletos de cumplicidade. "Você sabia que o café também é conhecido como 'ouro verde'?". Pedro questionou, fazendo uma expressão que misturava orgulho e brincadeira. Ana riu, divertida, encantada com o jeito leve dele.

"E você, o que acha de transformar esse ouro em nosso futuro?". Ela retrucou, piscando um olho, desafiando-o a trazer mais leveza para aquela rotina repleta de trabalho.

Era ali que estavam, perdidos em meio a risadas, respirações apressadas e a vida pulsante. A conexão entre eles era palpável, e observá-los era como assistir a um espetáculo em que cada gesto e cada olhar diziam mais do que palavras. Pedro, ao observar Ana mexendo os cabelos ao vento, sentiu-se atraído não apenas pela beleza dela, mas pela essência que irradiava, por seu jeito de ver o mundo como um campo fértil de oportunidades.

Os dias passavam e, entre colheitas e conversas, o ritmo do coração de ambos se tornava cada vez mais intenso. Simples inocências transformavam-se em gestos carregados de significado. Em um momento, enquanto caminhavam lado a lado, a mão de Pedro roçou levemente a de Ana, e um frio na barriga tomou conta dele. Olharam-se, e naquele instante, todas as palavras que não foram ditas pairaram no ar, entre anseios e promessas.

Esforços se tornaram momentos; momentos, laços que, lentamente, uniam suas almas. A intensidade da conexão que experimentaram começou a desenhar um carinho maior: a luz que ilumina os corações dos apaixonados. Tudo isso acontecia no coração pulsante de Brejão, onde o café e a esperança brotavam lado a lado.

Os dias em Brejão se passavam em uma cadência cada vez mais envolvente. Pedro e Ana, imersos em suas atividades de colheita, descobriram que suas conversas estavam se tornando mais profundas, mais significativas. O lar onde cresceram, cercado pelo aroma do café e pela beleza dos cafezais, agora se amplificava com os risos e sorrisos que compartilhavam.

Certa tarde, enquanto trabalhavam, Ana hesitou antes de compartilhar. "Você se lembra quando criança, Pedro, e sonhava em viajar pelo mundo, conhecer lugares exóticos e pessoas diferentes?". A pergunta dela flutuou no ar, como uma pequena semente plantada entre os cafezais.

Pedro, surpreso pela sinceridade de Ana, parou um instante. "Eu realmente vivia sonhando... mas, à medida que cresci, esses sonhos começaram a parecer tão distantes.". Ele então baixou o olhar, absorvendo suas inseguranças.

"Eu também. Mas você já parou para pensar que talvez esses sonhos ainda estejam esperando por nós? Precisamos nos permitir sonhar e acreditar que podemos transformá-los em realidade.". Ana provocou, enquanto seus olhos brilhavam com uma esperança silenciosa. Era a primeira vez que ambos falavam de suas vulnerabilidades, e, ao fazê-lo, sentiam-se mais próximos.

O toque de suas mãos se transformou em um gesto sutil. Um braço de Pedro roçou o dela, despertando uma onda de sensações que parecia vir de um lugar profundo e guardado. Ana não se afastou; pelo contrário, deixou-se levar pelo momento e encostou a cabeça no ombro dele, trazendo para eles um instante de paz respirada entre a labuta do dia a dia.

"Um dia, eu quero ter uma pequena propriedade, onde possamos cultivar nosso próprio café. Ou talvez até um lugar onde a cerimônia do café seja uma arte, um momento que reúna histórias e pessoas.". Pedro confessou, a voz embargada pela emoção do sonho exposto. Era a primeira vez que se permitia visualizar um futuro que fosse realmente seu.

"Isso seria maravilhoso, Pedro", respondeu Ana, com um sorriso afetuoso apertando as laterais de seus olhos. "Posso imaginar. Música nas tardes, o café fresco do nosso jeito. Talvez estejamos cercados por amigos, e aqueles que também sonham conosco.".

Naquele momento, a ideia de criar um futuro em comum entre eles parecia um horizonte deslumbrante, repleto de possibilidades. Era mais do que um sonho: era um chamado do coração, uma ligação que ia além do óbvio, onde as inseguranças se transformavam em forças em meio à vulnerabilidade.

Enquanto eles falavam, as árvores ao redor sussurravam com a brisa, quase como se estivessem escutando seus sentimentos. Era como se o universo conspirasse a favor daquela união recém-descoberta, algo que ia além da amizade e começava a se moldar como algo mais significativo.

Mas Ana também trazia consigo medos que não ousava verbalizar. Uma sombra de dúvida amedrontava seu espírito. E se, ao abrir seu coração, ela realmente se expusesse a um potencial de dor? As experiências que vivera moldaram suas ações, e as cicatrizes de outros relacionamentos ainda deixavam marcas que ela tentava ocultar. A vulnerabilidade dela era uma guerra entre se arriscar e se proteger.

"Pedro", ela sussurrou, sua voz suave, "eu… eu tenho medo. O medo de não conseguir acompanhar essa mudança, medo de perder.". O lamento dela flutuou entre as folhas, carregando consigo um apelo desesperado por compreensão. Nesse momento, Ana permitiu que sua fragilidade se revelasse, e os sentimentos foram as portas que se abriram entre seus mundos.

"Ei, Ana", Pedro respondeu com sinceridade no fundo de sua alma. "Todos nós temos medo. O que você precisa se lembrar é que nosso amor – esse amor nascente – é uma luz em meio à escuridão. Vamos caminhar juntos, enfrentando os desafios um a um.".

A segurança em sua voz parecia confortar Ana. Afinal, em meio à dança entre medo e desejo, havia compaixão, e essa compreensão era o que sustentava as esperanças que ambos cultivavam. Promessas não ditas pairavam no ar, presas por uma corda invisível que unia seus corações.

Esse momento se amalgamou como um quadro vivo, onde os cafezais ao redor deles pareciam dançar ao ritmo de seus amores fluorescentes, ressoando com a verdade: um amor que florescia nas pequenas coisas e nas feridas da vida. Era um sopro de esperança e renovação que ecoava além da superfície, desafiando as incertezas e inaugurando um capítulo inesperado.

E assim, em cada toque, em cada olhar, Pedro e Ana lentamente entenderam que a vulnerabilidade não era sinal de fraqueza, mas uma ponte que os levava à intimidade e à compreensão. Neste lugar acolhedor, ambos começaram a aprender que o amor verdadeiro exige coragem, e a crença um no outro poderia tornar seus sonhos plenamente realizáveis. O futuro permanecia um mistério, mas a jornada para descobri-lo, lado a lado, prometia ser emocionante e transformadora.

O calor do sol do meio da tarde envolvia os cafezais enquanto Pedro e Ana se encontravam em um pequeno espaço isolado da fazenda. As folhas verdes vibravam com a brisa suave, e os aromas doces do café maduro pairavam no ar como uma promessa do que viria. Pedro estava sentado em uma pedra, e Ana, em pé ao seu lado, olhava para o horizonte tingido de laranja. Era um desses momentos que escorregam suavemente para o coração – quando palavras não ditas pairam no ar, quando olhares falam mais alto que qualquer diálogo.

"Você acha que isso tudo pode dar certo?". Ana perguntou, quebrando o silêncio que parecia preencher aquele espaço cheio de sussurros. Seu tom de voz refletia ansiedade, uma vulnerabilidade que só ele conseguia ver. Pedro afastou os cabelos levemente do rosto e olhou profundamente nos olhos dela, como se quisesse descobrir não apenas as respostas, mas também seus medos. Não era uma questão simples; envolvia não apenas os cafezais, mas o futuro que ambos estavam começando a imaginar.

"Eu não sei, Ana", ele respondeu com honestidade, a sinceridade exposta em cada sílaba. "Mas juntos, eu sei que podemos construir algo incrível. O futuro depende do que estamos dispostos a sonhar, acreditar?". Ela assentiu lentamente, percebendo que havia um brilho de esperança naquelas palavras, uma luz guiando-os para além das preocupações que pesavam sobre eles.

O calor do sol começava a diminuir, e as sombras se estendiam lentamente pelo chão, trazendo uma sensação de acolhimento e conforto. Pedro viu nas feições de Ana a força de uma sonhadora, alguém que, apesar das incertezas, lutava pelo que acreditava. O tempo tinha seus segredos, e a complexidade da vida mudava de acordo com as estações e as circunstâncias, mas ali, naquele instante, ambos tinham certeza de que o amor poderia se tornar oposto à incerteza.

Ana respirou fundo e decidiu abrir seu coração. "Pedro, algumas vezes, eu me pergunto se estou à altura do que este amor exige. Santo Deus, eu não sei se sou suficientemente forte.". Seu olhar permanecia fixo no chão; a incerteza a dominava, e as palavras saíam entrecortadas, como um eco do que realmente sentia. As palavras pareciam navegar com timidez entre o carinho e a vulnerabilidade.

Ele segurou a mão dela, um gesto terno que fez seu coração derreter. "Todos nós temos inseguranças. Eu tenho as minhas, Ana. O medo do que pode vir é real. Mas o que sentimos um pelo outro pode ser mais forte que isso. Eu não quero que você se sinta sozinha nessa batalha. Juntos, podemos enfrentar tudo.".

Ao dizer isso, a confiança nas palavras de Pedro parecia liberar um leve sorriso nos lábios de Ana.

Enquanto a tarde se transformava em noite, o chamado de uma nova dinâmica se fazia perceber. Rumores sobre o relacionamento deles começavam a sussurrar pelo vilarejo. O olhar crítico da comunidade ressurgiu entre os colhedores, irradiando uma nova tensão que pairava sobre a relação dos dois. Alguns viam o amor entre os jovens como a zoeira típica da juventude, enquanto outros, mais conservadores, enxergavam uma afronta às tradições.

Uma tarde, na mesa da fazenda, os murmúrios se tornaram palavras. Os velhos colhedores expressaram preocupação em relação ao afeto que crescia entre Pedro e Ana. "Isso não é um jogo, garotos. O que vocês estão fazendo pode prejudicar a comunidade", disse seu amigo Toinho, com um olhar que refletia sombra e cuidado. A tensão aumentava, e a sensação de um amor realizado começou a ser considerada uma obsessão arriscada.

Enquanto isso, nas reuniões de trabalho, uma nova atmosfera se desenvolvia. Os colhedores dividiam olhares, e as conversas eram sobre Pedro e Ana. Rumores ecoavam, e os sussurros tornavam-se um assunto quase palpável. "Ah, eles só estão encantados; isso não durará", dizia um agricultor. Mas havia outros que admiravam a coragem do casal. "Quem sabe eles possam trazer mudanças não apenas para eles, mas para todos nós!". Esse contraste refletia a polarização que crescia em torno do amor deles.

Pedro não conseguia ignorar as pressões externas e refletiu sobre a responsabilidade que sentia em relação a Ana e a seus próprios sonhos. Ele pensava em como o amor poderia ser erguido ou desmoronado por mãos alheias, assombrado pela ideia de que poderiam perder tudo diante de olhares julgadores.

Em momentos de introspecção, a solidão o envolvia, e o peso da dúvida começava a grudar-se em seu coração.

Ana, percebendo sua inquietação, chegou mais perto e sussurrou: "Pedro, não devemos deixar que as palavras dos outros nos afetem. O que sentimos é real, e isso nos fortalece. Devemos lutar pelo que acreditamos.". A bravura dela aquecia a alma. A força de Ana fazia com que a dúvida começasse a se dissipar, como neblina ao amanhecer.

Ambos estavam cientes de que a luta por sua relação seria grande, mas o amor os mantinha unidos. O jovem casal começou a perceber que mais que um sentimento, precisavam manter firme o que aquilo significava. A cada dia que passava nos cafezais de Brejão, o aroma do café se misturava ao desejo e à pressão do futuro. O amor poderia florescer, mas seria testado em cada sussurro que corria da boca dos outros. E juntos, eles estavam prestes a descobrir que o amor verdadeiro é também uma jornada; nem todos os caminhos seriam floridos, e ainda assim, a perspectiva de um futuro ao lado um do outro valeria a pena uma luta.

Enquanto a noite caía, o casal se despedia, e Pedro prometeu a Ana que, acontecesse o que acontecesse, eles lutariam por eles, abraçando tanto a dúvida quanto as esperanças que surgiam como estrelas no céu, sereno e infinito. A jornada deles estava apenas começando, uma história de amor escrita contra as incertezas da vida. E a cada dia, eles estavam dispostos a traduzir ainda mais aquele amor em ações, sempre conscientes de que afetariam não apenas suas vidas, mas também a história contada entre os cafezais que testemunharam tudo.

O pôr do sol tingiu o horizonte de um laranja intenso, envolto pelo aroma doce dos cafezais em plena maturação. Ana e Pedro encontraram-se em um recanto calmo da fazenda, longe da agitação dos colhedores e da rotina frenética que coloria os dias. Era o momento que tanto esperavam, o instante em que os medos e as esperanças se entrelaçavam em uma narrativa de amor, e tudo parecia possível.

Com um sorriso nervoso nos lábios, Pedro olhou para Ana, sentindo a adrenalina vibrar dentro de si. "Você acha que chegará o dia em que conseguiremos transformar todos esses sonhos em realidade?", ele questionou, um toque de insegurança na voz. O coração acelerado pulsava como um tambor em seu peito, e uma onda de coragem misturada à dúvida o envolvia.

Ana, acariciando as flores brancas de um cafeeiro, pensou na pergunta. "Eu quero acreditar que sim. Mas o que devemos fazer para que isso aconteça?", seu olhar era penetrante e, ao mesmo tempo, vulnerável. Cada palavra deles parecia flutuar no ar como promessas sussurradas, um sussurro envolto nas folhas que dançavam com a brisa.

Pedro respirou fundo, unindo sua mão à dela, e viu em seus olhos a força e a esperança que tanto procurava. "Vamos fazer isso juntos. Não há nada que não possamos enfrentar se estivermos lado a lado.". A afirmação era firme, e Ana sentiu um calor intenso se espalhar por dentro. O toque de suas mãos, embora tímido, trouxe uma nova realidade, um elo que unia duas almas em um mesmo destino.

E naquele congraçamento, o tempo pareceu parar. Ali, naquele recanto escondido pela vegetação, tudo se desenvolveu lentamente, como uma história que toma vida com os sussurros da natureza. Ali, sob o céu radiante, sob o olhar inquisitivo das estrelas que começavam a brilhar, Pedro inclinou-se para mais perto de Ana. O espaço entre eles diminuiu, como se nenhum mundo externo existisse, enquanto o ar carregava uma expectativa palpável.

Foi então que, em um gesto suave e carregado de significado, os lábios de Pedro tocaram os de Ana, timidamente no início, mas logo se transformando em um beijo ardente. Um beijo que dissolveu inseguranças e dúvidas, um beijo que selava as promessas não ditas, uma transição entre um laço de amizade e um amor que despontava com todas as suas cores. O gosto doce do café se misturou com o néctar daquele momento sublime, criando uma fusão inexplicável que turbinava suas emoções.

Ana fechou os olhos, entregando-se totalmente àquela conexão. Era como se todo o universo conspirasse para que aquele momento fosse único e magnífico. As borboletas tomaram conta de seu estômago, e ela pôde sentir a força e a vulnerabilidade simultâneas que o amor trazia. "Oh, Pedro...", sussurrou, "isso foi mágico.". O brilho em seus olhos refletia não apenas a luz do sol poente, mas o deslumbre de um amor nascente.

Depois do beijo, ambos estavam ofegantes, como se tivessem corrido uma maratona emocional. Havia o riso tímido, um sorrisinho para compartilhar aquela nova descoberta, e uma sensação doce de que os obstáculos pareciam pequenos diante do que sentiam um pelo outro. Cada um deles sabia que o futuro seria um desafio, mas acreditavam que o amor seria o combustível que os manteria firmes, mesmo em dias difíceis. Com um brilho nos olhos e um sorriso aberto, Ana afirmou: "Mal posso esperar para descobrir o que virá a seguir.".

O céu crescia mais escuro, e as estrelas começavam a brilhar no vasto manto da noite, como se estivessem observando e aplaudindo o romance que nascia. Os cafezais, sempre testemunhas silenciosas, continuavam a fragrância do amor que se instalava nas almas de Pedro e Ana, como promessas sussurradas entre as árvores.

Ao se afastarem do recanto, já sabiam que carregariam aquele momento em seus corações. E assim, em meio a um mundo que ainda girava com suas incertezas, Pedro e Ana encontraram algo permanente, algo belo em sua fragilidade. Era um amor que se aninhava entre os grãos de café e as sombras dos cafezais, um amor que prometia ser resistente e verdadeiro. A jornada deles estava só começando, e com isso, novo amanhecer se aproximava, cheio de sonhos e aventuras por vir.

Capítulo 4

Conflito entre os colhedores e o proprietário da fazenda

O clima na fazenda já não era mais o mesmo. Com a mudança das estações, um clima pesado e cheio de incertezas pairava sobre os cafezais. Ao longo do dia, o sol forte refletia a tensão que se acumulava entre os colhedores. Entre reuniões improvisadas e olhares desconfiados, os murmúrios se tornavam cada vez mais audíveis. O proprietário da fazenda havia convocado a todos para uma conversa, e o que se seguia não parecia promissor.

"Vamos aumentar as horas de trabalho a partir da próxima semana, e isso sem nenhum tipo de compensação adicional!". A voz do proprietário ressoou pelo ar, um golpe duro que levantou a indignação de quem escutava. Para ele, eram apenas números; para os colhedores, significava mais esforço com menos recompensa. O calafrio entre os trabalhadores cresceu, e as cabeças se agitaram em desprezo.

"Como ele pode fazer isso conosco? Já trabalhamos duro, e sempre somos os últimos a receber alguma consideração pelo nosso esforço", Pedro comentou, seu olhar fervia de frustração. Ao seu lado, Ana sentiu o peso das palavras dele, e um nó se formou em seu estômago. "Precisamos nos unir", ela disse com determinação. A união parecia ser o único caminho possível para enfrentar as injustiças.

Os sussurros foram crescendo entre os colhedores, formando um coro de vozes que ecoavam descontentamento, a resistência começava a germinar. A comunicação estava carregada de emoções intensas; olhares determinados e vozes entrecortadas se misturavam em um mar de sentimentos. "Não podemos deixar que ele decida por nós! Somos nós que cuidamos destas plantas e da terra que nos alimenta!". Um dos colhedores vociferou, e a multidão vibrou em resposta.

Enquanto isso, Pedro e Ana se afastavam para o canto, sentindo a energia eletrizante ao redor deles. "Você percebe o que está acontecendo?", Pedro perguntou. "Eles não podem continuar tratando a gente assim, sem nenhum respeito!". A raiva dele fervia, mas Ana sentiu que era mais do que aquilo uma oportunidade.

A determinação crescia como um fogo, aos poucos alimentado pelas brasas. E naquela pressão, sob o céu repleto de nuvens pesadas, nascia um sentimento de união. Os colhedores, em inesperada harmonia, começaram a fazer planos. Eles se reuniram sob a sombra dos cafezais, eloquentes em suas ideias, discutindo maneiras de confrontar o proprietário.

Com cada conversa, surgiam histórias de famílias que dependiam daquele trabalho, dos sonhos de um futuro melhor, e da luta por dignidade. Com suas vozes unidas, a vontade de resistir se tornava uma corrente. Eles não eram apenas colhedores; eram pessoas que se importavam, que mantinham a história de uma comunidade viva.

Pedro ergueu as mãos e pediu a atenção de todos: "Precisamos mostrar a ele que somos importantes. Se nos unirmos, podemos fazer a diferença! Se continuarmos divididos, seremos facilmente ignorados.". Os rostos acesos ao seu redor refletiam a força das convicções que se formavam. A esperança era uma semente arraigada no solo fértil da determinação coletiva.

Durante a congregação, conversas ferviam como o café fresco que sempre permeia ao ar. O descaso do proprietário se tornara um combustível não apenas para a desconfiança, mas para uma luta que começava a se moldar em cada coração presente. Os olhares se cruzavam, e as vozes, antes tímidas, começavam a ganhar força. A resistência estava se formando, e com ela, um fio de esperança que não seria facilmente cortado.

A noite chegava, e, entre os cafezais, a determinação tornou-se mais clara a cada sopro da brisa leve. Era o tempo certo para fertilizar a coragem que crescia no coração dos colhedores. Havia muito a se fazer, mas a união se tornava um murmurinho forte, simbolizando a força coletiva contra as adversidades que se avizinhavam. O brilho de um novo alvorecer se apresentava, e os corações de Pedro e Ana começavam a definir um novo caminho, onde a luta e o amor se uniriam para trazer a esperança necessária àquela comunidade tão cheia de histórias e promessas.

O ar carregado de uma tensão silenciosa envolvia os colhedores enquanto o sol começava a se pôr, emprestando uma luz dourada às plantações de café que se estendiam até onde os olhos podiam ver. Assim que colocaram as ferramentas de lado, os trabalhadores costumavam reunir-se ao redor de uma velha árvore frondosa, aproveitando a sombra que se tornava cada vez mais rara. Pedro e Ana se posicionaram juntos, observando os rostos preocupados dos amigos e vizinhos, cientes de que mais do que o cansaço da colheita, havia uma preocupação latente flutuando no ar.

"Precisamos agir", disse Juca, um colhedor de longa data, enquanto a brisa suave balançava os cabelos indisciplinados.

"Esse aumento na carga de trabalho sem compensação é inaceitável.". As vozes de apoio cresciam, como se as palavras tivessem ganhado vida. Ana sentia a força da determinação nas palavras de Juca e se viu cada vez mais encorajada a expressar suas próprias preocupações.

"É isso mesmo", concordou Ana, erguendo a cabeça. "Se não nos unirmos, vamos acabar sendo atropelados pelas exigências do proprietário. Cada um de nós importa, e nossas vozes precisam ser ouvidas.". O peso da desconfiança começava a se dissipar, permitindo que a esperança emergisse como um renascimento.

Pedro, envolvido pela energia do momento, tomou a iniciativa. "Vamos nos reunir e pensar em como confrontar essa situação. Cada um de nós tem uma história sobre a importância desse trabalho, sobre o que ele representa para nossas famílias.". Seus olhos brilhavam com a paixão que sentia pela união do grupo.

Ouvindo Pedro, a multidão espontaneamente aprovou, concordando com a intenção de se unirem e tomarem alguma atitude em conjunto. O poder de uma comunidade unida era a alma vibrante que permanecia por trás das colheitas e das tradições que pertenciam a todos. Aproximando-se, Pedro olhou para Ana e viu como ela também sentia a urgência do momento. Aquilo não era apenas um discurso motivacional; era um chamado à ação, um acordo tácito de que, juntos, eles poderiam derrotar o desânimo e a injustiça.

As reuniões clandestinas começaram a ser organizadas entre os colhedores após o expediente, geralmente à noite, sob as estrelas. Era ali, sob o céu salpicado, que frequentavam com entusiasmo e um nervosismo palpável suas assembleias improvisadas. As conversas que antes eram mera troca de palavras agora ressoavam como gritos de resistência, carregadas de intensidade e súbito torcendo a realidade.

"Quem mais tem história para contar?", Pedro pediu um dia, após ouvir a narrativa de um novo colhedor que se juntara ao grupo. A expectativa era palpável. Sua voz era agora o eco de um desejo renovado. Cada pessoa ali tinha uma história com suas famílias, sonhos e esperanças na intenção de afirmar que a carga de trabalho insana não iria se tornar a única forma de vida para eles.

Ana, observando ao redor, notou que muitos olhos estavam voltados para ela agora, como se esperassem que ela também compartilhasse. Respirando fundo, com coragem brotando do coração, ela ergueu a voz: "Na minha casa, sempre sentimos que precisamos nos esforçar, mas não devemos ser tratados como máquinas. Cada um de nós tem direito ao respeito e à valorização.". Ao ouvir suas palavras, um murmúrio de concordância ecoou entre os amigos, como um relâmpago em um céu nublado.

Sentindo a força da mobilização, eles começaram a discutir estratégias para ver a mudança que tanto desejavam. As reuniões tornaram-se importantes, não apenas para falar sobre as horas de trabalho, mas sobre construir um laço que unia a todos como um amuleto contra a adversidade.

E assim, crescendo entre os colhedores, a união forte e resistente os preparou para o enfrentamento. Ana e Pedro, lado a lado, sempre cientes de que o amor e a solidariedade também estavam presentes em cada decisão que tomavam, que essa era uma pressão coletiva por dignidade. Era a luta deles que criava novas raízes, mais profundas do que as que já estavam cimentadas na terra fértil da fazenda.

No próximo dia, Pedro tinha em mente que precisava chamar o proprietário para uma conversa e queria que todos estivessem juntos. No fundo, desejava criar um espaço propício para uma discussão aberta e sincera, onde cada voz importantíssima poderia ecoar a verdade que havia se tornado parte deles. Afinal, a luta por justiça não era apenas uma batalha, mas uma construção solidificada que nascia da força da comunidade. E assim, a espera e a esperança se uniam em uma história maior, uma narrativa de transformação e resistência que se desenrolava entre as linhas que rompiam os cafezais.

O clima na fazenda atingia seu ápice de tensão. Os colhedores, antes unidos pela esperança e pelo aroma do café maduro nas plantações, agora compartilhavam olhares duros e expressões de descontentamento. Ao se dirigirem ao galpão da colheita, ruídos de vozes inquietas cresciam entre eles. O proprietário da fazenda, com sua postura imponente e seu tom autoritário, acabara de anunciar a nova carga de trabalho. "Serão mais horas, sem reajustes. Eu tenho uma conta a pagar e preciso do máximo que puderem dar. Enfrentem a realidade", disse ele, como se suas palavras fossem uma sentença.

Ana olhou para Pedro, seu coração acelerado. A indignação manifestava-se nas feições de seus colegas, e um murmúrio crescente ecoava pelo galpão. "Como assim sem compensação? Estamos todos já no limite. Eles não têm ideia do que estamos fazendo por eles!". Alguém gritou, e as mãos se uniram em um simbolismo involuntário de solidariedade.

Pedro, sentindo a temperatura no ambiente aumentar, começou a se erguer frente à sua gente. "Temos que nos unir agora, isso não é apenas uma decisão do proprietário. É uma afronta ao nosso trabalho e à nossa dignidade!". Sua voz ressoou forte e firme, captando a atenção de todos. As palmas se ergueram, e a aceitação da proposta de resistência começou a se formatar no ar pesado.

A luta não era apenas por horas a mais, mas pela sobrevivência de um modo de vida que todos haviam conhecido e lutado. "Ana, precisamos de um plano", sussurrou Pedro, sua mão se encontrando com a dela em um gesto delicado, buscando algum tipo de tranquilidade em meio à tempestade. O toque entre eles era um totem de esperança e força.

Enquanto discutiam em voz baixa, Ana interrompeu com uma ideia que brotava de seu coração: "E se organizássemos um encontro, o que acha? Algo onde todos possam vir e discutirmos a melhor solução, um protesto pacífico.". Na proposta, ela vislumbrou um futuro onde a voz dos colhedores não seria ignorada.

Os colhedores começaram a se manifestar e o sussurro se transformou em resmungos de determinação. O galpão ganhou vida. "Um protesto! Isso é o que precisamos!". Era uma ideia que germinava com a força da esperança, suas vozes se misturando como café pronto para ser degustado, intenso e estimulante.

Os colhedores estavam cansados de serem vistos como números; eram seres humanos com sonhos e aspirantes por dignidade. O tenso silêncio que se seguiu na sala já não parecia tão opressivo. Cada um ali tinha uma história, uma razão que justificava a luta que estava prestes a ser reafirmada.

No canto da sala, Toinho, um dos colhedores mais antigos, levantou-se: "Nossas famílias dependem de nós e de nosso trabalho. Se nos dividirmos, seremos massacrados. Mas se ficarmos unidos, aqui e agora, apresentaremos uma frente forte!".

Naquela energia contagiosa, as vozes foram se intensificando e formaram uma onda de determinação que vibrava como o calor do sol após as chuvas. Pedro fez um sinal de assentimento para Ana, lembrando-se de suas promessas, da necessidade de apoiar um ao outro, não apenas como amantes, mas como lutadores.

"Juntos, podemos fazer algo diferente", Pedro gritou, a coragem ressoando em suas palavras enquanto sua mente fervilhava com o que estavam prestes a enfrentar: comentários, censuras, talvez até mesmo represálias. Mas a união se tornava cada vez mais uma força poderosa e transformadora.

Uma nova força se consolidava no coração de Ana e no de todos ali presentes. E assim, sob aquele céu que parecia refletir sua determinação, Pedro, Ana e os colhedores firmaram um novo destino. Uma luta nascia entre eles; e acima das desavenças, havia também prometidas alianças, enquanto o sol mergulhava no horizonte, iluminando suas esperanças.

Essa nova luta significava emoção e a busca por um propósito; uma história que se cruzava com amor e resistência. E, enquanto o dia se encerrava, havia um combustível novo naquelas almas. No silêncio formado por vozes, histórias e corações ligados, era ali que a verdadeira revolução começava a se formar, a escrita de um novo futuro entre os cafezais que foram testemunhas silenciosas de cada ato de bravura.

Pedro e Ana estavam rodeados por um mar de olhares preocupados e murmúrios inquietos. O cenário mudara drasticamente nos últimos dias na fazenda. O calor do sol começava a se pôr e a luz dourada dos últimos raios tornava tudo ao redor ainda mais angustiante. A reunião convocada pelo proprietário da fazenda já havia revelado o que muitos temiam: a ordem implacável para aumentar as horas de trabalho sem a devida compensação.

"Precisamos agir agora, isso é uma afronta ao trabalho que fazemos!", exclamou Juca, com seu olhar inflamado que refletia a indignação que todos compartilhavam. Os colhedores, que antes costumavam rir e trabalhar juntos sob o sol, agora se viam imersos em uma atmosfera pesada de descontentamento. As palavras de Juca ecoaram como um chamado à resistência na mente de cada um ali presente.

"Ele não pode simplesmente decidir o destino de nossas vidas como se fôssemos mercadorias", insurge-se Ana, suas mãos tremiam ligeiramente, não por medo, mas pela determinação que começava a arder dentro dela. "Nós somos os que cuidamos desta terra! Precisamos nos unir!".

Pedro sentiu a intensidade do momento. Ele sabia que Ana estava certa. As injustiças não podiam mais ser aceitas como algo normal; as horas que passavam sob o sol inclemente, colhendo grãos que eram o orgulho da fazenda, deveriam ser valorizadas. Entre sussurros e afirmações firmes, os trabalhadores começaram a se organizar. Olhares se encontravam e se reconheciam; não havia mais espaço para o medo, e sim para a determinação.

"Vamos organizar um encontro", Pedro sugeriu, seus olhos brilhando com a ideia. "Um espaço onde possamos discutir como confrontar essa situação. Precisamos descobrir quais são nossos direitos e como podemos lutar por eles. Precisamos mostrar ao proprietário que somos mais do que números em um formulário!".

As vozes de aprovação se elevaram em uníssono. A ideia de um protesto pacífico, algo que poderia mexer com as estruturas que há muito tempo estavam firmadas, tomou forma entre eles. A cada segundo, a ansiedade foi se transformando em esperança e em uma possibilidade concreta de mudança.

Nos dias seguintes, o movimento começou a florescer como as flores brancas dos cafeeiros sob a luz do sol. As reuniões se tornaram frequentes, muitas delas à noite, com os colhedores se reunindo ao redor da velha árvore que sempre fora testemunha das risadas e sonhos da comunidade. Nesses encontros, histórias eram compartilhadas, experiências trocadas, e o espírito de unidade crescia. Juntos falavam sobre desafios, união e como poderiam resistir à estrutura de opressão que os cercava.

"Estou com medo, mas sei que não podemos desistir", disse Ana em um desses encontros, o olhar firme refletindo suas emoções. "Se ficarmos calados, nada mudará, e temos muito a perder.". Suas palavras tocaram o coração de todos. Cada pessoa presente reconhecia suas lutas e o que estava em jogo.

Com isso, o amor começou a transparecer na cultura de resistência que brotava ali. O contato físico entre os colhedores permanecia significativo; mãos se entrelaçavam em gestos de apoio e conforto, tornando-se um símbolo vivo de solidariedade. A tensão construída em torno do proprietário se tornava uma força oposta, uma união que prometia transformar o desespero em esperança.

Na penumbra da noite, Pedro e Ana sentaram-se lado a lado, longe dos olhares do grupo. "Você acha que temos chances de vencer?", ela perguntou, sua voz suave, mas repleta de determinação. Pedro, olhando para as estrelas que começavam a brilhar no céu, sorriu. "Se estivermos juntos, com certeza. O amor e a união nos tornam fortes.".

Ali, naquela calmaria antes da tempestade, Pedro e Ana sentiram que estavam realmente construindo algo que poderia durar. Era a base de um futuro melhor, uma força coletivamente nutrida que não restaria apenas nas utopias sonhadas, mas se firmaria na realidade da luta por dignidade. Aquelas conversas sob a árvore tornaram-se não apenas discussões sobre trabalho, mas embarques em viagens de coragem, resistência e amor.

Algo estava fervilhando no ar, e, com o desenrolar dos dias, as promessas de uma batalha se formavam — não apenas contra o proprietário, mas por um futuro em que todos fossem respeitados e reconhecidos por suas contribuições. E assim, enquanto o sol se escondia, dando lugar à lua energética que iluminava os campos de café, o espírito de luta e esperança tornava-se uma narrativa firme e vibrante, pronta para se manifestar em ações concretas.

Neste mar de emoções, entrelaçados por promessas rudes, Pedro e Ana perceberam que a vida deles não se restringiria apenas às colheitas do dia seguinte, mas sim colhendo a voz e o respeito que sempre mereceram. Juntos, criaram laços que dariam origem a um amor forte o bastante para desafiar qualquer tempestade que se aproximasse. E assim, refletindo sobre a grandiosidade do caminho que escolhiam, prepararam-se para a luta que se avizinhava, determinados a não apenas sobreviver, mas a prosperar na busca por um novo amanhecer.

Capítulo 5

A revelação de um segredo doloroso no passado de Ana

A noite na fazenda envolvia a todos em um manto de solidão e incertezas. Ana, sentada na pequena mesa de madeira da sua casa, olhava pela janela em direção aos cafezais. A lua brilhava intensamente, mas a luz não conseguia preencher o vazio que se formara dentro dela após a tumultuada reunião. A mente a atormentava, refletindo sobre tudo que havia sido dito e o peso das novas responsabilidades que se aproximavam.

Ao fundo, um leve golpe na porta chamou sua atenção e fez seu coração acelerar. Era Pedro, imediatamente ela reconheceu a preocupação em seu olhar. Ele entrou sem dizer uma palavra, dando espaço para que a tensão evaporasse entre eles. Ele se posicionou ao lado dela, e juntos contemplaram a paisagem noturna que tinham visto muitas vezes, mas que agora parecia diferente, mais sombria e cheia de significados ocultos.

"Oi", disse Pedro, com a voz suave, quebrando o silêncio. Ana fechou os olhos por um momento, buscando coragem para se abrir.

"Oi", ela respondeu, a voz trêmula. As palavras pareciam pesadas, e a insegurança brotava à medida que sentia o instinto de esconder suas fraquezas.

"O que aconteceu? Você parece distante", ele insistiu, seu olhar buscando a verdade nos olhos dela. Após fazer um esforço para abrir o coração, Ana respirou fundo, a angústia tomando forma em seu peito.

"Pedro, tem algo de que preciso falar", começou, hesitando sobre como expor suas verdades. Ele deu um passo mais para perto, encorajando-a a continuar. "É sobre minha família... sobre o que eu nunca contei a você.".

Quando as palavras dela emergiram do silêncio, o passado começou a tomar vida. Os *flashbacks* invadiram sua mente, imagens de um tempo em que seu lar era alegre, mas que rapidamente se transformou em um pesadelo impiedoso. Ela olhou para baixo, os olhos moldados por um mar de lágrimas reprimidas. "Meus pais... eles trabalharam a vida inteira nesta mesma fazenda e sofreram muito em silêncio.".

Pedro permaneceu em profundo silêncio, sentindo a dor transbordando daquela confissão. Ana continuou: "Infelizmente, eles foram feridos pela exploração do proprietário, assim como nós. Meu pai ficou muito doente e não recebeu os cuidados que precisava.".

Entre os relatos de dor e luta, Ana descreveu como sua família havia se sacrificado, trabalhando incansavelmente sob a opressão, enquanto suas vozes eram silenciadas. "Eu tinha apenas quatorze anos quando o levamos ao hospital, mas já era tarde demais", ela disse com a voz embargada. Era como se cada palavra dissipasse um pouco da carga que carregava. "A dor e a culpa nunca deixaram o meu coração, e por isso tenho tanto medo do que está por vir. Não quero que você tenha que passar pelo mesmo", desabafou, as lágrimas caíam livremente agora.

Pedro, compenetrado em suas emoções, segurou a mão dela com firmeza, buscando alavancar a força que os dois precisavam. "Ana, eu sinto muito. Ninguém deveria passar por uma dor dessas", disse ele, genuinamente; o apoio que oferecia ressoava como um mantra de esperança.

O peso da revelação esvaziava o coração de Ana, e ela sentiu que a conexão entre eles se tornava mais intensa. "A história dos meus pais é só um reflexo de muitas outras. E agora, quando vejo tudo o que está acontecendo, eu simplesmente... não consigo nem pensar no que pode acontecer conosco", ela falou, os olhos agora fixos nos dele, buscando um consolo que sempre esperou.

"Eu prometo que vamos enfrentar isso juntos. Eu não vou permitir que nada abale o que estamos construindo", Pedro afirmou com determinação. Ele a puxou suavemente para perto, e Ana se permitiu sentir o calor do seu amor e coragem, uma qualidade que poderia ultrapassar qualquer dor do passado.

Naquela noite, sob o céu estrelado e o frio que se intensificava, Pedro e Ana perceberam que aquele momento não era apenas uma vulnerabilidade, mas também uma fortaleza. Era uma decisão coletiva de lutar não apenas por si mesmos, mas por todos que um dia estiveram nas sombras, à espera de uma mudança.

As palavras e promessas trocadas naquela noite eram como sementes plantadas em solo fértil, iriam germinar na luta por justiça e dignidade, e raízes mais profundas iriam se formar. O passado de dor seria a chama que acenderia um futuro de esperança.

Muito estava em jogo, e unidos, eles fariam tudo para que as histórias que amavam nunca se repetissem. Ao saírem da casa, Ana e Pedro estavam determinados. O passado e o presente agora eram a espinha dorsal de sua luta e amor, e estavam prontos para enfrentar o que viesse, em busca de um futuro onde todos pudessem colher não apenas café, mas também suas esperanças e dignidades.

No calor intenso da noite, Ana sentia que um peso antigo, soterrado sob a rotina, começava a ganhar forma e urgência. Os sons do mundo lá fora, misturados ao farfalhar das folhas ao vento, pareciam sussurrar segredos que estavam esquecidos, prontos para emergir. Sentada à mesa, com as mãos tremendo ligeiramente, ela olhou por cima do pequeno espaço que habitava e não viu apenas as paredes gastas da sua casa, mas uma história marcada por memórias, dores e resiliência.

Pedro havia chegado apenas alguns minutos antes, mas o olhar preocupado dele já havia dito tudo. Ele entrara em silêncio, algo em seu semblante transmitia a ansiedade de não saber como confortá-la. Sorrindo com leveza, ela apenas respondeu: "Oi.".

Era o tipo de saudação que não precisava de mais palavras, uma troca de energia que reverberava no recinto. Ele se aproximou da janela, as sombras que dançavam com a luz da lua mostravam o cansaço da batalha que viveram naquele dia. "Ana, o que realmente aconteceu na reunião?", perguntou, quebrando o silêncio como se estivesse selecionando cada palavra, tentando descascar as camadas de emoção que envolviam sua parceira.

Com um leve suspiro, Ana sentiu que era hora de soltar as amarras que aprisionavam seus pensamentos. "É difícil falar sobre isso", começou, sua voz embargando. "Meus pais... eles viveram e trabalharam nesta fazenda a vida inteira.". Uma onda de nostalgia e dor inundou a memória dela. "Eles sacrificaram tanto, e mesmo assim, a indiferença do proprietário os consumiu. Meu pai, quando ficou doente, foi ignorado, e essa... esse abandono deixou furos na alma da nossa família.".

Pedro a observou, completamente atento. Num gesto de zelo fraternal, ele segurou a mão dela como se buscasse uma ocasião. Os olhos dela se encheram de lágrimas, agora sabendo que a divulgação de um segredo poderia, de alguma forma, lhe trazer alívio. "Quando o levamos ao hospital, já era tarde demais. Eu apenas tinha quatorze anos e não compreendia totalmente a gravidade daquele momento e do que se desenrolava à minha frente.".

Em sua mente, flashes do passado se desenrolavam, pintando um quadro vívido de nostalgia e dor. Aquele dia terrível em que seu pai não retornara era uma ferida que parecia cravada na sua memória. "Eu não esqueço e tenho medo de que tudo isso aconteça de novo. A cada palavra nas reuniões, a cada decisão que o proprietário tenta impor, eu me vejo revivendo. Eu não quero... não quero perder você também.".

O impacto do que Ana formulou parecia ecoar no ar, cada sílaba como um golpe em um tambor antigo. Pedro, com a essência calorosa e firme, inclinou-se mais perto dela. "Ana, você não precisa carregar esse peso sozinha, não mais. Eu estou aqui e sempre estarei. Sua história é uma parte importante não só de quem você é, mas do que queremos construir juntos.".

Naquelas horas paliativas sob a luz da lua, Ana assentiu. O amor e a compaixão que emanava de Pedro acalmava a tempestade em seu interior. O passado pode ter trazido dor, mas o presente os unia em uma resistência palpável. "Isso só me faz querer lutar ainda mais", disse ela, agora sem hesitação. "Não estou sozinha nessa batalha, e você me dá esperança. Vou enfrentar isso, não só por mim, mas por cada um que gostaria de retornar à dignidade.".

As promessas trocadas entre eles eram mais do que meras palavras; representavam a construção de um futuro que começava a florescer. Enquanto a noite avançava, novos planos brotavam entre eles, prontos para serem plantados na terra fértil dos cafezais e nos corações da comunidade.

A janela aberta deixava entrar uma brisa suave que parecia entrelaçar as suas esperanças no ar. Com um toque delicado, Pedro inclinou-se e a juntou a ele, transformando aquele momento de vulnerabilidade em uma fortaleza amorosa. "Vamos juntos nos unir a todos os outros colhedores. Juntos, lutaremos por dignidade, e não permitiremos que o passado se repita", ele proferiu, com a determinação pulsando em sua voz.

Assim, enquanto a luz da lua iluminava os campos, Ana sentiu que não estava mais sozinha em sua luta. A conexão pulsante que havia se formado entre eles, como uma fina linha que os unia, tornava-se mais forte a cada momento partilhado. Eles haviam desenhado não apenas um plano de resistência, mas uma vida de amor e compromisso no lugar onde cada grão de café seria agora um símbolo de luta e esperança renovada.

Naquela noite, enquanto o mundo dormia, dois corações ardiam em paixão. Não eram apenas amantes; eram a força que alimentava as mudanças que se avizinhavam, prontos para lutar por cada colhedor, por cada sorriso que o sofrimento havia apagado. A narrativa que estava prestes a se desenrolar prometia mais que amor, sustentava um recomeço que reverberaria pelas raízes da fazenda e ecoaria nas almas de cada ser que buscava o direito de sonhar.

A noite já havia caído na fazenda, e a atmosfera tornava-se densa, refletindo as inquietações que pulsavam nos corações dos colhedores. Ana estava sozinha em casa, sentada à mesa de madeira, imersa em seus pensamentos, quando o toque na porta a retirou da sua contemplação. Era Pedro, com o olhar preocupado.

"Oi", ela sussurrou, mantendo os olhos fixos na janela enquanto a brisa suave fazia as sombras dançarem. "Desculpe, não esperava visitas.".

"Não poderia deixar de vir", ele respondeu, entrando e fechando a porta com suavidade. "A reunião de mais cedo… como você se sente?".

Ana hesitou. As palavras pareciam pesadas, presas na garganta. Finalmente, com um suspiro profundo, decidiu que era hora de abrir seu coração. "Precisamos falar sobre os nossos pais e o que eles enfrentaram aqui", começou.

Pedro sentou-se do lado dela, a expectativa crescendo a cada batida do seu coração. Ana então começou a revelar detalhadamente um passado que não compartilhara antes, uma história há muito guardada em seu íntimo. "Meus pais… eles trabalharam nesta fazenda toda a vida, sempre se esforçando para garantir que tivéssemos uma chance melhor. Mas a verdade é que eles sofreram muito. Meu pai adoeceu e, quando precisou de ajuda, simplesmente foi ignorado", contou, a voz ficando embargada de emoção.

Ela olhou para Pedro, que escutava atentamente, a compreensão emanando dele. "Isto aconteceu muito antes de nos conhecermos. Eu tinha apenas quatorze anos. Nunca consegui processar o que aconteceu… e, toda vez que o proprietário faz uma nova exigência, sinto como se estivesse revivendo tudo de novo.".

Pedro estendeu a mão, envolvendo a dela em um gesto de proteção. "Ana, sinto muito que você tenha passado por isso. Ninguém deveria ter que carregar esse fardo tão pesado.". A empatia em suas palavras fez Ana sentir um nó se soltar em seu peito. O peso da angústia começava, finalmente, a dissipar-se.

"É por isso que eu tenho tanto medo do que pode acontecer agora. O passado sempre parece estar atrás de mim, e eu não quero perder você também...". As lágrimas começaram a cair, mostrando a fragilidade que sempre tentara esconder. "É um medo que nunca me abandonou, mas estou aqui, lutando para tentar mudar o futuro.".

O olhar de Pedro ficou intenso e envolvente. "Prometo que não vou permitir que isso aconteça. Estamos juntos, e juntos podemos lutar por dignidade, não apenas para nós, mas para todos os que compartilham essa luta.". Ele puxou-a mais perto, e o calor de suas promessas envolveu Ana como um abrigo.

"Precisamos nos organizar, e amanhã vamos falar com os outros colhedores. Se unirmos as vozes, essa pode ser a única maneira de combater essa indiferença", Ana respondeu com um olhar decidido. Não era só uma luta do passado, mas uma busca por futuro.

Pedro assentiu, seus olhos brilhando com força e esperança. "Então vamos fazer isso juntos", declarou, com a convicção de que eles poderiam, de fato, esvaziar o peso de um passado sombrio, repleto de dor, e inundá-lo em luz com as promessas de mudança que estavam por vir.

Ali, sob os olhares das estrelas que testemunharam sua confissão, Ana e Pedro se comprometeram a transformar o que um dia fora dor em um legado de resistência. A história que havia lançado sombras sobre suas vidas começava a encontrar novos contornos, um amanhã onde as esperanças se entrelaçavam com os sonhos de dignidade e união.

A noite na fazenda carregava uma extensão de silêncios ensurdecedores. Ana estava sentada na sua mesa, perdida em pensamentos, quando a batida suave na porta a fez sobressaltar.

Pedro entrou, seu semblante refletindo a preocupação que pairava no ar desde a reunião tumultuada. Os olhares uns dos outros diziam mais que palavras; a tensão que os cercava parecia espessa como a fumaça de uma tempestade prestes a estourar.

"Oi", Ana tentou sorrir, mas a leveza não encontrou seu caminho. O ar estava pesado, como se o próprio ambiente soubesse que segredos estavam prestes a ser revelados.

"Como você está?", Pedro perguntou enquanto se acomodava ao lado dela. "Estava pensando no que aconteceu hoje... na reunião.".

Ana sentiu um nó na garganta. "É tudo tão... complicado", disse ela, os olhos se desviando. A dor que guardava lá no fundo ameaçava transbordar. A atmosfera estava carregada de um peso emocional que ela mal conseguia suportar. Como falar sobre seu passado se ele a puxava de volta àquelas memórias sombrias?

"Você pode me contar, Ana. Estou aqui para ouvir", incentivou Pedro, sua voz suave como um abrigo em meio à tempestade. A sinceridade nos olhos dele trouxe um conforto inesperado. Era como se ele soubesse que ela precisava abrir sua alma.

Ana suspirou profundamente e as palavras começaram a fluir, ainda hesitantes. "Meus pais trabalharam nesta fazenda quase toda a vida... sempre lutando para nos dar o que podiam. Mas a verdade é que eles sofreram sob a indiferença do proprietário. Meu pai ficou doente e morreu, e quando precisei de ajuda, ninguém o ouviu.".

Os olhos de Pedro escureceram pela tristeza. "Sinto muito, Ana. Como alguém pode ser tão cruel?". Ele apertou gentilmente a mão dela, sua presença sólida era um pilar emocional que ela precisava naquele momento.

A conexão entre eles se solidificou naquele instante, o amor que havia se entrelaçado nas suas vidas agora tinha um novo significado. Estavam juntos nesse conflito emocional. "Ana, nós estamos construindo algo. Não quero que você carregue essa dor sozinha. Podemos lutar juntos", Pedro disse, seus olhos brilhando com determinação.

Ela sentiu uma onda de alívio, como se uma barreira interna começasse a se desintegrar. "Sim, vamos construir algo diferente. Não apenas para nós, mas para todos que já passaram por isso", declarou Ana, com uma nova luz nos olhos. As promessas trocadas naquela noite não eram apenas palavras, mas um manifesto de resistência. O passado de ambos agora estaria entrelaçado em um compromisso comum, e com isso, seus destinos se conectavam por laços de amor e solidariedade.

A brisa fresca que entrava pela janela parecia encher aquele pequeno espaço não apenas de ar, mas de esperanças renovadas. Ana olhou uma última vez para Pedro e, em seu olhar, viu a bravura que precisava. Juntos, refletiram no escuro a luminância das esperanças que germinavam em seus corações enquanto o mundo ao redor permanecia um caos.

Durante aquela noite, enquanto o mundo caía em sono profundo, eles encontraram força na adversidade. A ligação que tinham se tornara um abrigo que os ajudaria a enfrentar as tempestades que se avizinhavam. Depois de tantos anos e tantas lutas, nova esperança nascia entre os cafezais, e, a partir daquele momento, as vozes que antes clamavam em desespero agora se transformavam em gritos de combate, prontos para se erguerem e se tornarem uma força imbatível.

Capítulo 6

A crise que atinge a comunidade

O inverno chegara de forma prematura aquele ano, trazendo consigo uma severidade que nenhum dos colhedores esperava. As noites eram gélidas e as manhãs, nebulosas, fazendo o campo parecer um mar de névoa, onde os cafezais pareciam silenciar suas vozes de esperança. Ana olhava pela janela de sua casa, observando um horizonte que deveria ser vibrante, agora se tornara cinzento pela falta de chuva. Para a comunidade, a pressão aumentava intensamente e a sensação de insegurança pesava como uma sombra.

Os cafezais, antes verdes e exuberantes, agora pareciam almas exaustas, desejando ardentemente a água que parecia longe. Enquanto os dias passavam, cada novo amanhecer trazia uma onda crescente de desânimo. A comunidade que antes erguia-se com braços fortes, ria e trabalhava em conjunto, agora parecia afundar em um silêncio melancólico. As conversas, antes cheias de risadas, tornaram-se murmúrios preocupados; olhares apreensivos refletiam as incertezas que surgiam. Ana sentia no ar uma paralisia; não apenas a falta de chuva, mas a falta de ânimo.

"Pedro", ela sussurrou, quebrando o silêncio angustiante, "você acha que estamos preparados para o que vem por aí?". Aquele questionamento pairava sobre eles como uma nuvem pesada.

"Não sei", ele respondeu, o tom na voz dele revelava o peso das preocupações. "Mas precisamos nos unir. Isso é algo que nunca fizemos antes, mas precisamos.". Seu olhar atravessava a sala, como se buscasse algo no vazio que pudesse estar perdido.

A ideia de união ecoava nos pensamentos de Ana, mas a ansiedade não ardia facilmente. Caminhar adiante em meio à incerteza exigiria um tipo de coragem que muitos na comunidade estavam começando a perder. "A colheita… vai ser menor. Pior do que o esperado", disse Ana, já sendo capaz de sentir a onda de desespero se encostar em seu peito. "Como vamos fazer para todos sobreviverem?".

Com a aproximação da nova reunião, onde a comunidade se reuniria para discutir o futuro que parecia sombrio, uma onda de expectativa e medo os rodeava. Ana e Pedro se preparavam para enfrentar uma conversa difícil. Poderia ser um divisor de águas ou um golpe final que encerraria as esperanças de um futuro melhor.

Naquela noite, enquanto os ventos frios dançavam nas palmeiras, Ana não pôde evitar de pensar em quão vulnerável a comunidade tinha se tornado. As conversas que antes flutuavam em sorrisos agora eram substituídas por sussurros inquietos. As mãos calejadas dos colhedores haviam se tornado um símbolo de resistência, mas agora pareciam perder força a cada dia que passava.

Na reunião, o ar estava denso de expectativa. Ele estava repleto de rostos conhecidos, mas os olhares eram de estranheza. As propostas começaram a surgir, e a mesa tornou-se um centro de discussões acaloradas. A primeira ideia, embora bem-intencionada, acabou se perdendo nas discordâncias, o que apenas elevou a tensão no ar. Entre propostas de ações coletivas e a frequência do desânimo, Ana se destacou para trazer força.

"Precisamos nos unir, mesmo que as colheitas estejam fracas. Juntos, seremos a força que derrotará essa tempestade", Ana proclamou, seu olhar varrendo os rostos cansados. Era um apelo ao coração de cada um, ao desejo de continuar lutando.

Pedro, observado e apoiado por seu amor, ofereceu também suas palavras consoladoras. "A força está na união, não apenas nas colheitas. Nós somos a raiz, e juntos podemos plantar esperanças em qualquer solo.". Ele não estava apenas promovendo ação, mas um sentimento de pertencimento que reverberava nas emoções dos colhedores, provando que, mesmo em tempos difíceis, unir-se poderia gerar frutos imensuráveis.

Os olhares se ergueram, e a chama da resistência começou a ressurgir. No meio da incerteza e do desespero, algo profundo estava começando a se formar... um laço invisível que tornava todos, mesmo os mais fragilizados, em parte de algo maior. Ana e Pedro sorriam um para o outro, ambos cientes de que, independentemente da fisiologia que evidenciava o frio e a escassez, a verdadeira riqueza estava em suas comunidades e sentimentos.

A luta por um futuro começava nas pequenas promessas de união e solidariedade que seriam cultivadas nos corações dos colhedores, mesmo diante da adversidade mais severa. Naquela noite, as sementes de um amanhã iluminado começavam a brotar, pensadas nas conversas e na força que emergia da coletividade. Por mais desolador que fosse o inverno, os cafezais se manteriam firmes; a luta era apenas o começo da transformação.

A reunião dos colhedores estava prestes a começar, e a tensão era palpável no ar. Ana e Pedro se encontraram na sala comunitária, um espaço que, em outros tempos, já fora repleto de risos e música durante as festividades. Hoje, no entanto, as paredes pareciam absorver a preocupação e o desânimo que permearam a comunidade nos últimos dias.

"Estou tão nervosa", Ana confessou, sua voz um sussurro entre as conversas caóticas. Pedro segurou sua mão com firmeza, garantindo-lhe que eles enfrentariam isso juntos. "Precisamos que todos estejam dispostos a se abrir sobre o que estão sentindo", ele disse. "Isso não vai ser fácil, mas, juntos, talvez possamos encontrar uma solução.".

As pessoas começaram a chegar, uma a uma, tentando esconder a apreensão que transparecia em seus rostos cansados. Olhares desconfiados eram trocados enquanto alguns colhedores se posicionavam em cadeiras de madeira desgastadas. O ambiente era pesado, repleto de murmúrios e queixas sobre a escassez de água e a colheita que prometia ser desastrosa.

Ana se levantou, o coração pulsando em seu peito, quando percebeu que era hora de falar. "Pessoal", começou, embora sua voz tremesse levemente. "Estamos aqui para discutir o que todos estão vivendo. A situação é difícil, e é importante que compartilhemos nossos pensamentos e preocupações.". Ela olhou ao redor, tentando encontrar familiaridade nos rostos que a cercavam. Assim que seus olhos encontraram os de Pedro, sentiu um pouco mais de confiança.

"Não podemos permitir que a desesperança nos domine", continuou. "Nossos pais sempre lutaram por um futuro melhor, não podemos deixá-los em vão. Precisamos encontrar formas de apoiar uns aos outros.".

Um murmúrio de concordância se espalhou entre a sala. E enquanto alguns expunham propostas de economizar recursos e trocar informações sobre técnicas sustentáveis, a energia da reunião começou a mudar lentamente. A tensão foi dando espaço para a empatia, e o medo foi gradativamente se transformando em esperança.

Pedro então se levantou, os olhos fixos em cada colhedor. "Estamos todos na mesma tempestade, mas não estamos no mesmo barco", ele disse com uma firmeza que ecoou na sala. "A união entre nós pode ser uma força poderosa. Se podemos trabalhar juntos, podemos encontrar formas de superar essas dificuldades.".

A sala estava silenciosa, mas o clima começou a mudar, a atmosfera carregada de incertezas começou a ressoar com vozes que se uniam e experimentavam aquela nova liberdade ao falar sobre suas preocupações. Ana podia sentir o alicerce de uma nova esperança se formando; era a primeira vez que se sentia parte de algo maior.

Depois de horas discutindo, todos concordaram em um projeto colaborativo: a criação de um sistema de trocas onde poderiam trocar seus produtos e serviços, mantendo todos nutridos e vivos. O murmúrio coletivo se transformou em um coro de ideias, cada um propondo como poderiam ajudar os outros.

Os olhos de Ana estavam brilhando com a emoção de ver sua comunidade se unindo, um milagre onde o medo se transformou em criatividade. Ela olhou para Pedro e percebeu que a luz em seus rostos representava a força do amor e do compromisso que criaram juntos.

Naquele momento, Ana soube que realmente eram parte de algo maior, um esforço coletivo que ultrapassaria qualquer desafio. A luta que pareciam enfrentar era apenas um sinal de como poderiam se unir e se levantar ainda mais fortes, mesmo diante da sombra que sempre acompanhou suas vidas. A reunião não era apenas sobre sobrevivência, mas sim sobre renovação.

Enquanto o encontro chegava ao fim, todos se afastaram com as esperanças renovadas, a união estava firme. Naquela noite, Ana e Pedro foram para casa, sabendo que as sementes do amor e da solidariedade tinham sido plantadas, e o sabor do café que iriam colher seria mais do que um simples grão; seria um testemunho da força do amor diante da adversidade.

O clima rigoroso do inverno já havia se estabelecido na pequena comunidade de Brejão, e o aumento das preocupações não se fazia apenas notar entre os colhedores, mas de maneira geral, as esperanças se viam sufocadas por um céu cinzento e ameaçador. Ana observava os cafezais pela janela, amparando-se em cada folhagem desgastada e em busca de respostas para um fenômeno que parecia distante e irrefutável. O vento frio arremessava-se pelas rachaduras da casa, trazendo consigo um presságio de dificuldades que ameaçava a rotina já combalida daquelas famílias.

Na próxima semana, uma reunião havia sido convocada. Ana sabia que a questão da colheita não poderia ser evitada. Pedro permanecia ao seu lado, o semblante tranquilo, embora os olhos refletissem a inquietação que todos sentiam. Ele a olhou e, num gesto de carinho, apertou sua mão, como se tentasse compartilhá-la menos da solidão que aquele desafio trazia.

Os colhedores começaram a chegar à sala comunitária, não havia dúvidas de que o inverno estava a exigir seu preço; olhares desconfiados eram trocados enquanto alguns observavam a desesperança nos rostos dos outros. Ana, mais uma vez, foi tomada pela confirmação do impacto dessa realidade que sofriam.

Os murmúrios começaram, tecendo um manto de incertezas. "E se não conseguir a próxima colheita?", "As contas vão se acumular", "Estamos sozinhos nesta busca" eram algumas das frases que ecoavam no ar, tocando cada coração com a possibilidade de uma verdade amarga. Uma verdade que limitava os sonhos, amassando os sentimentos, fazendo com que a espera pelo futuro se tornasse uma sombra constante que pairava sobre eles.

Ana finalmente se levantou, o coração palpitando em seu peito, uma sensação que há muito não sentia. "Pessoal", começou, a voz embargada, mas decidida. "Estamos aqui para discutir o que estamos enfrentando. Não podemos permitir que o desânimo nos faça perder o que construímos em conjunto.".

Os olhares se voltaram para ela, a atenção se intensificou, e no fundo, um desejo genuíno despertou entre aqueles que estavam acompanhando. Era hora de se mobilizarem. "Precisamos pensar em formas melhores de cuidar uns dos outros. Não estamos apenas colhendo café, mas cultivando um futuro juntos", continuou, e suas palavras trocaram o peso da sala por uma leveza sutil. O impacto disso foi imediato. As vozes se levantaram, uma ideia ardente emergiu, que finalmente ultrapassava a solidão, a frustração e a luta.

Pedro, observando com orgulho, tomou a palavra também. "Se a colheita não está voltando como esperávamos, precisamos de soluções criativas. Criar um sistema de troca entre nós pode ser o primeiro passo.". Ele falava com fervor, e Ana já podia dividir as ideias que estavam sendo traçadas. Os rostos, inicialmente sombrios, começaram a brilhar com esperança à medida que as sugestões começavam a se acumular.

Uma troca de produtos começou a tomar fôlego. E o que antes era apenas um desejo de sobrevivência, tornou-se um incitamento à solidariedade que lá se manifestava. Sugestões fluíram, fazendo com que a sala, antes coberta de névoa, começasse a se iluminar pouco a pouco. "Se eu não posso colher, eu posso ajudar a consertar as ferramentas que precisam de reparo. Um pouco de amor aqui e acolá, e seremos a nossa própria força", um dos colhedores comentou animadamente. O murmúrio de concordância perseguiu aquela afirmação e lançou a semente da colaboração.

Ana olhou para Pedro, seu coração batia em um ritmo uniforme com os que agora discutiam e planejavam. O ambiente carregava algo muito maior que suas necessidades individuais. Nova vida estava sendo respirada naquele espaço e, entre todas as dúvidas e inseguranças, um novo propósito se alastrava.

Naqueles momentos, o peso da colheita se tornava insignificante diante da força da união que crescia. Com cada ideia que surgia, um sentimento de otimismo se acendia entre os colhedores, permitindo que cada um deles se visse não apenas como um indivíduo à procura de um futuro, mas como parte essencial de um movimento coletivo que buscava não somente a sobrevivência, mas um renascimento.

A energia que preenchia a sala entrou pelos seus corações, levando-as a sonhar novamente, a levantar mais alto suas vozes, um eco de determinação, que juntos, como comunidade, poderiam quebrar as correntes da adversidade. Ana percebia que a empatia era o combustível para que tudo pudesse funcionar. Ao final daquela reunião, o ar da sala parecia diferente, muito mais leve. Os colhedores firmaram um pacto de coragem e esperança, e a ideia de lutar juntos começou a dar frutos.

Os desafios ainda estavam por vir, e o futuro seguia incerto, mas naquela noite, ao saírem da sala comunitária, cada um deles levava consigo o estandarte da esperança, da solidariedade e da perseverança. E assim, nos cafezais de Brejão, mesmo sob o céu anuviado e sombrio, começavam a brotar novas sementes que prometiam uma colheita, não apenas de café, mas também de sonhos compartilhados entre todos aqueles que, por fim, aprenderam a se apoiar mutuamente em tempos difíceis.

A manhã seguinte à reunião de colhedores amanheceu com um ar diferente. O clima pesado que antes dominava as conversas taciturnas agora parecia dar lugar a um sentimento novo, uma mistura de determinação e esperança. Ana e Pedro se encontraram na pequena cozinha de sua casa, ambos conscientes de que um novo dia poderia representar uma nova oportunidade.

"Você acha que as pessoas realmente estão dispostas a trabalhar juntas?", perguntou Ana, enquanto preparava um café forte que parecia prometer combustível para os mais longos desafios. O calor dos grãos torrados envolvia o ambiente, evocando memórias de tardes de trabalho ruidosas ao sol.

"Eu sinto que sim", Pedro respondeu, observando-a com carinho. "A energia da reunião foi contagiante. Acredito que as ideias de colaboração farão diferença para todos. Precisamos acreditar uns nos outros", completou ele, refletindo sobre a união que começava a se formar.

Juntos, eles decidiram que a primeira coisa a fazer seria convocar uma nova reunião, desta vez focada em um plano solicitante que envolvesse todos os colhedores. O sistema de troca, que surgira como uma faísca de esperança, precisava ser explorado. Assim, as ideias começaram a fluir entre eles, como um rio que encontra seu curso.

Ana, com uma empolgação crescente, começou a esboçar o que seria proposto. "Podemos criar um calendário, um sistema que permita que todos saibam em quais dias e onde estarão as oportunidades de troca de produtos e serviços", sugeriu, enquanto suas mãos dançavam no ar, gesticulando animadamente.

"E se cada um também pudesse contribuir com alguma habilidade que tenha? Isso não só traz um sentimento de pertencimento, mas fortalece os laços de amizade e ajuda", ponderou Pedro, imaginando a união que poderia surgir das habilidades de cada um na comunidade.

"Acho que precisamos enfatizar a importância dessa ajuda mútua. Cada um de nós é uma peça fundamental, e juntos formamos um grande cenário.". Ana sorriu, a ideia tomando forma em sua mente como um belo quadro cobrindo as paredes de uma galeria.

Após o café, a emoção pulsava, e ambos se dirigiram à sala comunitária. Assim que chegaram, perceberam que os outros começaram a chegar antes mesmo do horário combinado, um sinal claro de que todos estavam ávidos por fazer parte da mudança. Os rostos, antes sombrios e cansados, iluminavam-se, revelando um novo calor que já brotava naquele grupo.

Ana começou a falar, sua voz carregada de energia. "Sabemos que a colheita deste ano está prejudicada, mas há mais do que isso a ser trabalhado. Ao unirmos nossos esforços, podemos criar um sistema que beneficie a todos, um equilíbrio que permitirá que cada um de nós sobreviva. Estamos aqui não apenas para colher, mas para nos ajudar!".

Os olhares se cruzaram, e Ana foi capaz de sentir a esperança crescendo naquele pequeno espaço. A cada fala, a certeza de que a ajuda poderia transformar não só suas vidas, mas as vidas de todos que dependiam daquela comunidade.

Uma a uma, as ideias começaram a surgir. Algumas eram simples; outras, mais complexas, mas todas estavam ligadas por um fio comum de união. Trânsitos de mensagens foram estabelecidos, proporcionando um dinâmico fluxo de comunicação. O beco sem saída que antes parecia cercá-los, começou a abrir-se. A força coletiva estava se formando aos pés deles, ainda mais forte e vibrante com cada palavra.

"Precisamos nos dividir em pequenos grupos para mantermos o foco e encontrarmos as melhores rotas possíveis", uma das colhedoras comentou. Outros concordaram, e Ana viu que a energia estava realmente se transformando em um espírito coletivo.

Essa reunião não era apenas um compartilhamento de ideias, mas um renascimento da própria essência do que significava ser parte da comunidade de Brejão. A percepção de que eles eram mais fortes juntos pegou fogo nos corações cansados, uma chama acesa pela interdependência e laços humanos.

Quando o sol começou a se pôr, preenchendo o céu com cores douradas, um novo tipo de esperança brotava, e a certeza de que poderiam enfrentar os desafios que ainda estavam por vir renascia. Pedro pegou a mão de Ana, e juntos contemplaram o dia que estavam construindo, não apenas para si, mas para todos ao redor.

Operam-se dificuldades traçadas pelo inverno, sem dúvida, mas, à medida que a noite caía, suas almas estavam repletas de determinação. Um futuro compartilhado estava se formando entre os colhedores, e com cada passo adiante, a sombra do inverno parecia se dissipar, dando lugar a um campo fértil para a solidariedade e o amor florescerem. Assim, em Brejão, as sementes da transformação cresceram, prometendo um amanhã mais brilhante para todos que ali habitavam.

Capítulo 7

A luta pela sobrevivência em meio às dificuldades financeiras

Ana e Pedro se reuniram com a comunidade sob o sol tímido da manhã, a ansiedade palpável no ar enquanto explicava como o novo sistema de troca funcionaria. "Vamos criar um ambiente de colaboração onde todos possam contribuir e receber ao mesmo tempo", começou Ana, com os olhos brilhando de entusiasmo. Ela sabia que um passo à frente significava um grande salto para todos.

"Como isso vai funcionar, Ana?", perguntou Joaquim, um dos mais antigos colhedores, tendo uma expressão que mesclava ceticismo e curiosidade. Ana sentiu a garganta fechar, mas respirou fundo antes de responder.

"Precisamos compartilhar, não apenas o que colhemos, mas nossas habilidades. Vamos nos organizar em grupos e definir dias para trocarmos produtos e serviços", sugeriu, seu tom carregado de esperança. O murmúrio de aceitação começou a brotar entre os presentes, que já enxergavam uma grande revolução na forma de vida comunitária.

"Eu posso oferecer minha habilidade em consertar ferramentas", falou Seu Carlos, com um sorriso que embelezava a barba grisalha e pontiaguda. "E minha esposa faz as melhores geleias da região; podemos trocar com quem precisar de ferramentas ou qualquer outra coisa.". Essa semente de criatividade germinou rapidamente entre os colhedores. Um após o outro, começaram a surgir ideias sobre o que poderiam oferecer.

Mas nem todos estavam tão empolgados. Dona Lúcia, uma mulher idosa e respeitada pela comunidade, cruzou os braços e levantou a voz, "Nada disso vai funcionar! O mundo mudou, e nós aqui podemos ficar parados, sem acreditar em falsas promessas!". O silêncio tomou conta do espaço e o olhar de todos se virou para ela.

"É natural sentir ceticismo, Dona Lúcia", disse Pedro, intervindo com gentileza. "Mas união pode ser a chave para nossa sobrevivência. A mudança é difícil, mas podemos aprender juntos a um custo que não só difere do que era antes, mas pode se tornar nosso novo normal.".

Dona Lúcia contemplou as palavras, mas a desconfiança ainda pairava em seu semblante. Naquele momento, o grupo precisava superar os desafios internos e acreditar numa nova possibilidade. As incertezas se tornaram visíveis, dançando nas feições de muitos.

Com o tempo, os encontros se transformaram em pequenas reuniões, onde as trocas começaram a acontecer. O brilho dos olhos quando alguém oferecia uma refeição em troca de café era inegável, e o ambiente foi se colorindo com as interações e os laços que começaram a se formar. Essas feiras de troca sincronizaram as vozes dos vizinhos como uma canção.

Ana e Pedro observavam de longe, sentindo uma mistura de orgulho e ansiedade. "Não é apenas sobre os produtos", murmurou Pedro, "mas sobre como cada um de nós pode fazer a diferença na vida do outro.". As palavras de Pedro se tornaram um mantra enquanto todos se esforçavam para superar a falta de recursos.

Mas, como os eventos em Brejão costumam ter seus altos e baixos, os desafios rapidamente começaram a surgir. Um novo grupo de "desunidores" contrários começou a criticar a ideia, argumentando que as trocas eram apenas uma forma de fugir da realidade. Rogério, um oponente eloquente, provocava debates com sua franqueza, questionando: "Por que devemos nos mudar quando podemos enfrentar as dificuldades como sempre fizemos?".

No entanto, as conversas impulsionaram a comunidade em opções renovadas, e a importância de se apoiar uns aos outros se tornava uma liturgia comum. Embora a sombra do pessimismo ameaçasse a nova esperança, cada interação trazia algum aprendizado, e a comunidade não estava disposta a desistir.

Ao final de cada dia, Ana e Pedro reuniam-se sob a luz da lanterna, discutindo os desafios enfrentados, rindo das pequenas vitórias e plenos de esperanças para um futuro onde todos pudessem crescer juntos. O amor que cultivaram um pelo outro se tornou um símbolo do que significava lutar e sonhar, mesmo quando as dificuldades se impunham.

Assim, com cada passo adiante, a luta pela sobrevivência não apenas reafirmava que o propósito de seus corações estava alinhado, mas também reforçava que, mesmo na adversidade mais sombria, a solidariedade continua sendo a luz que guia os potros do amor.

Agora, com os primeiros sinais de luz ao amanhecer, a comunidade se preparava para um futuro que prometia não apenas resiliência, mas uma renovação curiosamente doce pelo desprendimento do novo rumo a seguir...

O clima estava mudando no vilarejo de Brejão. O sol timidamente aparecia através das nuvens carregadas, enquanto Ana e Pedro organizavam a nova feira de trocas na comunidade. A ansiedade estava no ar, mas uma força silenciosa impulsionava todos os colhedores a superarem suas apreensões e a abraçarem essa nova maneira de se ajudar mutuamente. As vozes que antes apregoavam ceticismo agora choravam pelas esperanças renovadas.

Realmente, a necessidade fazia com que as pessoas se unissem, e assim, logo o local se encheu de sorrisos e de trocas incessantes - não apenas produtos, mas também histórias, risadas e, acima de tudo, solidariedade. Os cafezais, que antes pareciam tristes, agora ressoavam com essa alegria contagiante, como se a própria terra estivesse comemorando a força do trabalho coletivo daquele povo aguerrido, que, com a força da unidade, quebrava paradigmas e mudava a vida de todos.

Ana se via observando enquanto um grupo de colhedores organizava uma fila de produtos variados: legumes fresquinhos, queijos artesanais e, claro, o café preparado com todo carinho e dedicação. A cada novo produto que chegava, a animação crescia. Um colhedor trouxe um cesto de flores, e logo uma manhã doce de sorrisos brotou no ar ao redor daquela mesa.

Depois de algumas horas, as primeiras trocas começaram a acontecer. "Olhe, eu dou dez quilos de café por estes tomates!". Uma exaltação ecoava entre eles, e Ana não conseguia conter o sorriso que se expandia em seu rosto. O que havia começado como uma proposta incerta tornava-se, na verdade, uma rotina que poderia transformar as vidas de todos naquele lugar.

Enquanto se envolviam nos preparativos, acordos e interações, uma energia vibrante percorria o local. Ana e Pedro foram recebidos com abraços calorosos. Um encontro inicial, em meio a conversas recheadas de expectativa e temor, estava se moldando numa rede de apoio e partilha.

Ana e Pedro, voltando-se um para o outro, perceberam que a resistência de alguns ainda estava presente, mas começava a se dissipar à medida que os resultados apareciam. O olhar de Pedro refletia a determinação. "A resistência pode ser uma sombra no início, mas a luz positiva dessa união vai ofuscá-la", ele disse, enquanto observava a animação ao redor.

Foi então que Rogério, o cético convicto, se aproximou com um semblante pensativo. "Ainda não estou convencido. Isso aqui pode ser só uma ilusão. O que faremos quando o inverno chegar novamente?", questionou, sua postura tensa contrastando com a alegria ao redor.

"Rogério", Ana disse, calmamente, "a verdade é que isso não é só sobre conseguir o que precisamos agora. Estamos criando relações, um mundo onde nos apoiamos em tempos de dificuldade. Não podemos prever tudo, mas podemos estar prontos para enfrentar o que vem.".

Curioso, Rogério hesitou. Era uma resposta que ele não esperava. Em um momento de vulnerabilidade, Ana tocou no ponto certo, e o peso de suas preocupações parecia se balançar um pouco.

"Pode não ser fácil, mas é muito mais do que apenas a circulação de bens. É sobre a troca de experiências e construir um futuro melhor para todos. Esta é a verdadeira riqueza que estamos tomando posse", Pedro completou, seu tom suave, mas firme.

As conversas ao redor continuaram, e o espaço vibrava com o pulsar da esperança. A racionalidade do medo começou a dar lugar ao amor e à colaboração. Cada troca que acontecia era como um grão de café sendo gentilmente colhido, e Ana poderia sentir sua própria esperança florescendo novamente.

Naquele dia, a luta pela sobrevivência não era apenas um conceito distante, mas uma celebração vívida da vida em comunidade. Cada colhedor, ao compartilhar seu produto ou habilidade, estava contribuindo para um novo começo. A coletividade ganhava forma e substância, e Ana percebeu que mesmo em meio à crise, a força de suas conexões poderia levá-los a um futuro mais promissor, onde, juntos, enfrentariam a incerteza de forma corajosa.

O que antes era uma fonte de ansiedade agora se tornava um campo fértil, repleto de possibilidades. Um campo que não apenas sustentaria histórias e colheitas, mas também nutriria laços de amizade e superação. O amor e a solidariedade começavam a brotar das sementes plantadas, preparando os colhedores para o que estava por vir.

Ana respirou fundo e lançou um olhar cheio de esperança para o céu. O inverno poderia estar em seu caminho, mas dentro daquele pequeno pedaço de terra, a chama da união ardia, aquecendo seus corações para que nenhuma sombra fosse capaz de silenciar suas vozes. E assim, um dia comum tornou-se extraordinário, uma lanterna iluminando a escuridão que muitos temiam enfrentar.

Conforme a tensão crescia na reunião da comunidade, os olhares se voltaram para Rogério, que havia surgido como um personagem central no debate. "O que estamos tentando fazer aqui é totalmente arriscado", começou ele, sua voz firme, mas um tanto nervosa. O ressoar de suas palavras gerou murmúrios entre os presentes, alguns acenando com cabeças hesitantes, outros torcendo os lábios em desaprovação. "Precisamos analisar as dificuldades do nosso tempo sem desviar o foco do que realmente importa. As tradições têm seu valor, precisamos delas.".

"No entanto, Rogério", Ana interveio, tentando trazer um novo ânimo à discussão, "não podemos permanecer parados, esperando por um milagre. Precisamos reinventar nossa maneira de viver.". Seu olhar passava por todos, tentando atingir o âmago da razão. Seus representantes eram países moldados por raízes profundas na tradição, e nem todos estavam preparados para sacudir o chão.

"Reinventar é apenas uma forma dela, Ana", Rogério rebateu audaciosamente, "mas, e se a nossa ideia falhar? E se isso apenas diminuir ainda mais nossas colheitas, nos empurrando para o colapso? Precisamos de estabilidade!".

Os murmúrios se intensificaram com suas palavras. A insegurança já era palpável e a preocupação transfigurava-se em ansiedade. "O que você tem em mente?", perguntou outro colhedor, mergulhado em dúvidas. "De que modo a nossa união pode melhorar o que já temos? Não estamos lidando com mágica aqui!".

A sala parecia um mar de rostos que exibiam uma mistura de raiva, dúvida e solidariedade, revelando não apenas os medos de uma crise iminente, mas também os traumas gerados por um passado recente severo. Ana sentia suas emoções borbulharem dentro de si. Ela precisava encontrar uma maneira de unir os ânimos dispersos e desafiadores daquela reunião em vez de permitir que eles se separassem ainda mais.

Ela olhou para Pedro, que, mais uma vez, a inspirava. Ele sempre foi o porto seguro em meio à tempestade. "Pedro", ela exerceu de forma a prevenir a sua impaciência, "por que não trazemos uma proposta prática, que mostre a todos como esse sistema pode funcionar, de forma tangível? Não precisamos finalizar tudo agora, mas teremos que dar o primeiro passo.".

Pedro assentiu e deu um passo à frente, direcionando seu olhar para a multidão. "Vamos organizar encontros semanais de troca, onde todos possam participar e oferecer o que tiverem. Será um momento para socializar. Assim, como disse Ana, estamos além da troca de produtos. Estamos promovendo um local de interação e ajuda. Quem não tiver, poderá aprender de alguém que sim. O que acham?".

O ambiente começou a esquentar com a nova proposta. O otimismo, antes sufocado, começou a circular por entre as almas presentes. Mentes que antes desfiavam dúvidas agora começaram a suspeitar da possibilidade. Ana observou a reação de Rogério. Sua expressão era um misto de surpresas e ponderações, como se estivesse refletindo sobre o que dissera anteriormente.

Com o tempo, a resistência de Rogério começou a se diluir, e seu semblante tornou-se um indício das aberturas que podiam ser frequentemente inexploradas. As palavras de união, somadas à ação dos colhedores de transformar o assombro da reunião em um momento de acolhimento e aprendizado, foram capazes de restaurar um pouco da esperança que havia escorregado para o fundo dos corações ranzinzas.

Com diálogos frutíferos emergindo diante dos desafios, o grupo decidiu finalizar a reunião com um acordo que possibilitasse a formatação do sistema de trocas. No entanto, Ana percebeu que os medos ainda habitavam a maioria deles. As promessas foram firmadas, mas a sutileza do ceticismo ainda estava no horizonte. Como poderiam confiar que sempre haveria algo a ser trocado, que a generosidade prevaleceria sobre a competitividade, que a comunidade sempre se manteria forte?

À medida que todos foram se dispersando após o término da reunião, Ana observa que se despediram um a um. O olhar morno de Pedro cruzou com o dela, e um ar de determinação tomou conta de suas expressões cansadas. "Devemos continuar na ponte da solidariedade", ele afirmou, sentindo a necessidade de um aprofundar na conexão. "As trocas começaram a brotar a confiança que a nossa comunidade já possui, mas que estava apenas adormecida.".

Ela sorriu, sabendo que ainda haviam mais desafios pela frente, mas diante deles sempre haveria essa força incansável que brotava naqueles que acreditavam sinceramente na coletividade. União, ao final, era uma plantação que exigia cuidado, comprometimento e dedicação, mas também era um compromisso com o amor essencial que estava em cada um dos corações.

Ana e Pedro sabiam que com cada passo dado em direção à união, estava-se também construindo um novo laço de responsabilidades que seria lento, mas real e forte. A responsabilidade lideraria as mentes cautelosas à antecipação de novos encontros. Tudo estava a caminho de um renascimento, onde cada colhedor encontraria um lugar, um significado e um papel a desempenhar naquela nova era de esperança.

E assim, enquanto a luz começava a romper a neblina, era hora de preparar a alma e o coração para o que viriam a enfrentar juntos. As esperanças ainda estavam pela metade, mas a certeza brotava de que esta luta por união e sobrevivência apenas poderia levar a algo grandioso e cativante para todos.

A nova manhã no vilarejo de Brejão trazia um ar carregado de expectativas enquanto a comunidade se reunia novamente na sala comunitária. A ideia do sistema de troca, que começara como uma faísca de esperança, agora acendia corações e fortalecia laços inimagináveis. Ana e Pedro, de mãos dadas, observavam os rostos iluminados que cercavam a mesa central, onde os produtos começavam a ser dispostos com carinho. A atmosfera estava impregnada de um otimismo contagiante, ecoando promessas de renovação e união que estabelecia com todos os moradores.

Ana levantou-se, sentindo o pulsar do momento. "Estamos aqui, mais uma vez, para transformar nossos desafios em oportunidades. Não apenas para nós, mas para cada membro dessa comunidade", começou, sua voz ressoando entre os presentes, que a olhavam atentos. "Com este sistema de troca, criaremos um espaço onde todos podem contribuir com suas habilidades e colheitas, e juntos, podemos enfrentar qualquer tempestade.".

As palavras de Ana despertaram uma onda de concordância que se espalhou pelo grupo. Joaquim, um colhedor respeitado, tomou a palavra. "Acredito que esse modelo pode realmente nos salvar, mas precisamos implementá-lo bem. E se ao invés de apenas trocarmos, começássemos a criar um pequeno mercado comunitário?".

A proposta trouxe entusiasmo e novas ideias à tona, fazendo o ambiente vibrar com novas possibilidades. A comunidade começou a se dividir em grupos, discutindo detalhes e ajustes sobre como poderiam fazer as trocas de forma efetiva e dinâmica. Cada um aportava uma ideia, uma solução. Um colhedor sugeriu um calendário de trocas, outro comentou sobre a importância de incluir habilidades, como aulas de cozinha usando os ingredientes trocados.

Mas, em meio à empolgação, a sombra do ceticismo ainda pairava. Ressonâncias de dúvidas surgiam quando Rogério, sempre o mais crítico, falou mais uma vez. "Essa ideia de mercado pode parecer boa, mas e se não tivermos produtos suficientes para trocar? E se a desconfiança se instalar e as relações desmoronarem?".

O silêncio se estabeleceu brevemente, e notou-se a tensão aumentando. Direcionada pela preocupação de Rogério, a ambivalência sobre o futuro do sistema de troca crescia na sala. Ana lançou um olhar ao rosto de Pedro, sentindo o peso das incertezas. Era importante encontrar uma maneira de unir esperanças e inquietações com todos que estavam naquele espaço.

"Rogério, entendo suas preocupações", falou Pedro, buscando firmar a confiança no discurso. "Entender os limites será parte do nosso aprendizado. Nós nos apoiamos, e se um dia alguém trouxer menos do que esperávamos, outros poderão cobrir essa lacuna. Honestidade e apoio mútuo serão a base de nossa relação.".

A fala de Pedro devolveu a segurança em meio às inseguranças. O diálogo começou a fluir, e risos e comentários sobre o que cada colhedor poderia trazer se juntaram em uma sinfonia de colaboração. O peso da desconfiança, pouco a pouco, foi se dissipando, juntando-se à nova perspectiva como uma revolução que aos poucos se dissipa e acalenta a alma com a visualização de conquistas palpáveis.

Nos dias que se seguiram, os encontros se tornaram frequentes, e uma feira comunitária aconteceu. Na varanda da sala comunitária, sorrisos e feições iluminadas destilavam esperanças, e os produtos expostos a todos contavam histórias de luta e superação. Mais do que alimentos e objetos, era uma demonstração do poder do amor e da união que aquele ato comunitário dissipara entre os brejonenses.

Foi nesse evento que se viu a força da coletividade, não apenas durante as trocas, mas em cada conversa que se perpetuava nas mesas, entre uma xícara de café aqui e uma batata ali. Histórias de vidas, risadas e até lágrimas se entrelaçaram nas falas da comunidade, mostrando a fragilidade e a beleza da conexão humana que se firmava. O alimento que inicialmente unia os colhedores tornou-se um símbolo, nutrindo não só seus corpos, mas também suas almas e esperanças em dias melhores.

Naquele dia, o pensamento solidário vingava sobre a realidade dura e desanimadora. Ana e Pedro, de mãos unidas, reconheceram a transformação. Era mais do que um mero arranjo; era um pacto de amor e devoção que estava sendo selado entre os corações de cada um deles.

E assim, a luta por sobrevivência não era apenas um desafio, mas uma obra coletiva que abraçava a emoção e as esperanças. Juntos, estavam se unindo aos seus passados e construindo um futuro mais positivo, onde o café não seria apenas a colheita favorita, mas a energia que pulsava em cada ação de vida, em cada momento compartilhado.

O encerramento daquele dia parecia um renascimento. Uma colheita mágica que exigia muito mais do que frutos da terra, mas que produzia laços, amor e o entendimento de que, em meio às dificuldades, a verdadeira riqueza estava nas conexões humanas, que, mais uma vez, floresciam na comunidade de Brejão.

Capítulo 8

Controvérsias e rivalidades entre os colhedores

A nova rotina estabelecida na comunidade de Brejão trazia um sopro de esperança, mas com ele veio também um ar de inquietude. A empolgação inicial do sistema de trocas que uniu os colhedores rapidamente começou a desbotar, as divergências e os interesses individuais, antes ocultos sob a luz da colaboração, começaram a emergir com força. Era uma tarde ensolarada quando Ana convocou uma nova reunião na sala comunitária, a proposta era discutir os problemas que se erguiam silenciosamente entre os colhedores.

"Eu só quero que todos estejam cientes do que está acontecendo", começou Ana, o olhar percorrendo as feições ansiosas que preenchiam a sala. Entre eles, Rogério, sempre com um semblante sério, foi um dos primeiros a levantar a voz. "A verdade é que não estamos trocando apenas produtos, Ana. Estamos nos expondo a um sistema de competição que nunca pedimos. As trocas que antes eram uma oportunidade de colaboração agora se transformaram em um campo de batalha. Eu vejo que alguns estão tirando mais do que realmente precisam", ele exclamou, os olhos fulgurando um misto de frustração e raiva.

As murmurações começaram a surgir como eco nas vozes dos colhedores, cada um refletindo suas preocupações. Joaquim se manifestou timidamente. "Sim, mas também devemos considerar aqueles que estão trazendo menos! Precisamos fazer algo. Quando alguém não cumpre sua parte, isso afeta todo mundo.". Com essas palavras, as balanças da paz que sustentavam o sistema de trocas começaram a inclinar-se, e o clima antes harmonioso se tornava uma tempestade de opiniões contrárias.

Ana tentava recuperar o controle da reunião, mas os olhares aflitos e as provocações cresceram, formando um círculo vicioso de desconfiança. "Não é apenas sobre o que trocamos. Precisamos encontrar uma maneira de garantir que todos tenham o que realmente precisam. Mas isso não pode acontecer se continuarmos com essa má vontade!". Ela disse com um tom mais firme. O silêncio tomou conta por alguns instantes, mas a tensão persistia.

"E se alguns começarem a usar o que levam apenas para benefício próprio? Estaremos apenas criando um ambiente de exploração", insistiu Rogério, cada palavra cortando o ar como uma lâmina. A indignação que brotava nas reuniões, antes tratada como diferença de perspectivas, agora se convertia em um sério embate de rivalidades.

Pedro, sempre do lado de Ana, decidiu intervir. "Precisamos trabalhar juntos para que o sistema funcione e para que cada um partilhe seus sentimentos, em vez de aumentar essa rivalidade.". No entanto, o seu apelo à união parecia perder força diante da crescente hostilidade.

"Isso não pode continuar assim!", uma voz alta irrompeu do canto da sala. Era Dona Lúcia, a voz mais respeitada da comunidade. "Não posso ficar calada assistindo a isto! Os velhos tempos em que éramos todos amigos estão se esvaindo, assim como água que escorre por nossas mãos em meio a chuva que trazem ora alegria, mas também o receio por revelar as imperfeições nos telhados de nossas casas! Sinto-me cansada de ver a comunidade desmoronar pouco a pouco. Vocês precisam olhar uns aos outros com mais carinho e menos desconfiança!".

As palavras dela tocaram no coração de alguns, mas a atmosfera de desconfiança não desapareceu. Na verdade, a luta pelo êxito do sistema de trocas havia revelado um lado da comunidade que muitos tentavam esconder: uma série de rivalidades profundas, uma história de competitividade que não poderia ser ignorada por todos cidadãos brejonenses.

Com isso, a reunião terminou sem consenso, e Ana e Pedro voltaram para casa sentindo o peso do dia. Dentro de cada um, brotava um sentimento angustiado. Olhando pela janela, Pedro cruzou as mãos atrás da cabeça e comentou: "O que fazer quando o que deveria unir começa a dividir?".

Ana suspirou, seu coração se apertando ao ver a fragilidade daquela nova estrutura. "Precisamos agir antes que seja tarde demais. Se não encontrarmos uma maneira de harmonizar todas essas vozes, corremos o risco de quebrar o que construímos com tanta dificuldade.". E, assim, os desafios a serem enfrentados começavam a se empilhar nas costas da comunidade, alimentando dúvidas e um medo que ninguém ousava expressar completamente.

As semanas seguintes se transformaram em um campo árido, onde o ambiente que antes pulsava vida agora transparecia um rastro de competição e amargura. Cada encontro parecia uma dança de velhos conflitos, e a luta pela sobrevivência começava a demandar mais do que união, mas uma batalha contra as velhas rivalidades enraizadas nos corações dos colhedores.

Numa manhã em que a neblina cobria suavemente os cafezais, Ana e Pedro dialogavam sobre quais seriam as perspectivas e próximas etapas a envolver a comunidade. "Devemos fazer um esforço para restabelecer as conexões. O que sutilmente começou como uma luta pela colaboração se tornou uma grande controvérsia. É complicado, mas não podemos deixar que isso nos derrote", Pedro sugeriu, na esperança de que suas palavras pudessem trazer à tona uma maneira de unir os corações.

O que eles não podiam ver, naquele momento, era que as inquietações estavam apenas começando a se espalhar, e que os desencontros acima da comunidade estavam se formando tempestades maiores que poderiam muito bem ameaçar a resistência que haviam conquistado até então. O que antes era uma luz frágil e brilhante da inclusão agora se tornava um sinal de alerta no horizonte, ecoando a necessidade de um trabalho sério e redobrado para enfrentar não apenas as adversidades externas, mas as que nasciam entre aqueles que se diziam amigos.

A tensão na comunidade havia se intensificado desde a última reunião. Com as divergências crescentes, o clima que antes pulsava união agora estava pesado, carregado de rivalidades e inseguranças. Ana, ao olhar ao redor da sala, sentiu uma inquietação alastrar-se em seu peito. Sentados em círculo, diversos colhedores se preparavam para expor seus descontentamentos. Era um momento delicado.

"Precisamos abordar o que está acontecendo", começou Ana, com a voz firme, mas ainda carregada de preocupação. "Este sistema de troca que criamos deveria nos unir, mas temo que esteja fazendo exatamente o oposto.".

Os olhares se cruzaram e, logo, Rogério levantou-se, quebrando o silêncio. "Ana, o que há é que muitos estão se aproveitando dessa situação. Vejo alguns levando mais do que oferecem!". Sua voz ecoou na pequena sala e um acesso de murmúrios surgiu como resposta. Uns concordavam e outros balançavam a cabeça num gesto de desaprovação.

"Não é mais justo?", interveio Joaquim, indignado. "Eu colho café sem esperar mérito. Muitos que não plantam nem trabalham agora querem usufruir do nosso esforço, quase que constantemente!".

Ana respirou fundo. Estava se estabelecendo um debate contínuo. Diversas vozes se sobrepunham, cada uma defendendo seu ponto de vista, polarizando a atmosfera. Pedro, que até então permanecia em silêncio, decidiu se colocar na conversa. "Precisamos de um código de conduta para regular as trocas. Uma maneira de assegurar que todos tenham sua parte, mas que também exija responsabilidade.".

Uma onda de discussões ensaiadas se fez rondar entre os colhedores, e diferentes propostas surgiram a cada desavença. A cada sugestão, um novo conflito se desencadeava, girando em torno das leis de troca que deveriam guiar a recém-formada aliança. As tensões foram elevadas ao limite quando Dona Lúcia, percepcionando o descontrole, também se manifestou. "Esse não é o caminho, meus amigos!".

Os rostos ali presentes refletiam a desconfiança que havia se instalado. Pedro tentou suavizar a circunstância, "O que podemos fazer é conversar. Essa comunidade deve ser um lugar onde todos compartilhem seus sentimentos. Nunca devemos esquecer que estamos aqui pelo bem de todos, e sob este olhar conjunto, devemos compreender que algumas vezes fazemos alguns sacrifícios para o bem coletivo.".

Mas a preocupação ainda pairava no ar como um manto espesso. As divisões emergiram como uma brisa leve, e ao fim da reunião, todos deixavam a sala com semblantes mais sombrios, a briga fraternal brotando entre seus corações como uma sombra que ofusca a claridade necessária para saber distinguir entre o caminho correto a ser percorrido.

Não tardou para que, dias depois, o clima de rivalidade atingisse seu auge. Mais um encontro foi convocado, e o coração de Ana apertava ao lembrar dos históricos de tensão que atingiram seu ápice nas últimas reuniões. Com visões opostas à mercê da ira, conseguir a sobrevivência tranquila parecia uma tarefa para os mais desavisados.

No entanto, Ana, decidida a restaurar a conexão perdida, falou o seguinte. "Precisamos refletir sobre nossas ações, sobre como podemos atenuar os sentimentos que nos dividem e criar um novo espaço de acolhimento.". Sua voz trémula ecoou pela sala conhecida como lar da comunidade, mas era claro que muitas feridas ainda estavam abertas.

Aquilo levou os colhedores a repensarem suas percepções sobre o valor da coletividade. Gradativamente, o pessimismo em cada um foi sendo transformado num desejo mudo de união, e a conversa sem embaraços ganhou força entre os presentes.

"Há espaço para todos nós nessa nova realidade", disse Pedro. "Dependemos uns dos outros, e esse laço precisa ser contínuo, mesmo nos altos e baixos.".

A sala respondeu a autenticidade em suas vozes, e aos poucos o clima foi se acalmando. Ana percebia que a ideia de compartilhamento poderia ser a saída para resgatar o elo desfeito entre eles naquele momento emblemático.

E assim, entre risos baixos e murmúrios de adoração à nova proposta de autocuidado e parceria, as primeiras faíscas de esperança começaram a florescer. As conversas, ao final, prestes a chegar em um entendimento coletivo, baixando as armas que há tempos haviam empunhado, mostrando que, mesmo em meio à luta, o amor e a amizade poderiam trazer perspectivas boas.

Ao entardecer do fim daquela assembleia, Ana e Pedro trocaram olhares de cumplicidade, daqueles que instigam e ao mesmo tempo transmitem a mensagem de que estamos juntos e temos um ao outro, revelando a gratidão e contentamento daquela resolução que se aproximava. Sabiam que cada dia era um novo lapso de aprendizado nessa teia de laços. Abrindo mão da necessidade de ser ouvido, encontraram o poder que cada um detinha na imensidão da dor, construindo novas bases para um amanhã repleto de harmonia e gratidão. A verdade se revelava, sempre pronta a inspirar e resgatar sentimentos esquecidos.

O final de um ciclo se aproximava, e com ele, um renascimento ardente envolvendo a comunidade. A jornada apenas começava, mas a certeza de que juntos poderiam enfrentar tempestades trazia a cada coração um sopro de renovação e direção, agora firmados no verdadeiro valor da amizade e do amor.

Como diria a vovó de Pedro, "É com a luz do amor que a gente sempre vive, mesmo que a noite venha em intensidade.". E assim, sob o gesto de união, os colhedores de Brejão se preparavam para um futuro onde juntos poderiam transformar escuridão em luz e fazer ressurgir uma valorização não somente sobre o cuidado com a terra que lhes ofertava o sustento, mas a cultivação de valores que fortaleceria aquela comunidade e todas a gerações futuras.

Aquela tarde ensolarada, marcada por crises e desentendimentos, se tornaria a fundação de laços mais sólidos e significativos. As conversas continuavam a se desenrolar, um ar de tensão reiniciava sobre a sala. Olhares desconfiados, gestos nervosos, e, acima de tudo, a fragilidade das relações humanas estavam à flor da pele. Os colhedores começaram a perceber que suas vozes, inicialmente unidas em prol da causa, agora se tornavam ecos de rivalidades individuais. O clima que, até então, era de colaboração, agora pendia perigosamente entre a competição e o receio.

"Olha só, o que ao invés de trocarmos produtos, não conversamos sobre como todos podemos colaborar?", começou a falar Ana, sua voz tremendo levemente. "Não é só sobre o que podem levar, mas sobre o que podemos construir juntos!". Contudo, suas palavras pareciam perdidas em meio às murmurações crescentes entre os colhedores.

Dona Lúcia, uma das anciãs que sempre foi reconhecida por ser sábia e muito respeitada na comunidade, se levantou e, num gesto de autoridade, falou: "Estamos aqui para discutir como melhorar nossa comunidade, e isso não pode acontecer sem a honestidade na troca.". Seu olhar percorria cada rosto presente, implorando por um entendimento mútuo.

"Honestidade? Mas e aqueles que só pensam em si mesmos?", Rogério disparou, seu tom ácido quase deixando um rastro de amargura no ar. "Estou cansado de ver as pessoas levando mais do que devolvem. Isso é egoísmo!". A atmosfera da sala se tornava opressiva, enquanto cada um lutava para ser ouvido.

Pedro, espremido entre a tensão palpável, decidiu interceder. "Precisamos de um espaço para discutir nossos problemas. Não devemos permitir que isso se transforme em um campo de batalha!". Mas mesmo sua voz tranquila não conseguia abrandar os ânimos exaltados, e a sensação de inquietude emocional só aumentava. Ana, percebendo a gravidade da situação, sentiu seu coração apertar.

As semanas passaram e os encontros se tornaram uma arena de debates acalorados. Suspiros de exaustão ecoavam em meio a novas propostas que surgiam. Joaquim sugeriu um "manual de trocas" elaborado por todos, onde cada colhedor seguiria regras para garantir que as trocas fossem justas. Mas, como era de se esperar, esse novo projeto de regulamentação provocou outros conflitos.

Uma noite, após mais uma reunião estressante, Ana encontrou Pedro sentado sozinho na varanda, observando a lua e refletindo sobre todas as nuances dos cafezais. A brisa suave tentava aliviar a tensão, mas a parcela de preocupação não deixava seus corações em paz. "Está tudo tão confuso, não é?", Ana quebrou o silêncio, sentando-se ao seu lado. "Sinto que estamos nos perdendo.".

Pedro olhou nos olhos dela, os traços do semblante revelando a luta interna que enfrentava. "Eu também sinto isso. É como se estivéssemos lutando contra sombras. Cada um de nós carrega suas próprias histórias, medos e inseguranças, e isso acaba criando barreiras.". A profundidade do olhar de Pedro trazia uma nova fragilidade à realidade que eles tinham construído.

Ana tocou sua mão, disposta a confortá-lo. "Precisamos nos lembrar do porquê disso tudo. Nossa luta não é só sobre café ou simplesmente trocas. É sobre vida, sobre conexão e sobre o que podemos fazer juntos.". Ela expressava uma esperança que, por mais tênue que fosse, ainda se sustentava em seus corações. Naquele momento, ambos perceberam que a verdadeira luta era a que se travava dentro e entre eles: a desconfiança, as rivalidades nascidas da dor e, principalmente, a necessidade de voltar à essência do que os unia.

Mas, enquanto as palavras pairavam como um eco de alívio, despertava ao mesmo tempo um olhar para analisar a realidade que as rivalidades possivelmente teriam continuidade. No fundo, ambos sabiam que a batalha não cessaria ali e que o caminho rumo à reconciliação seria longo e repleto de desafios.

Nas próximas reuniões, Ana, com todas as forças, se dedicou a unir os colhedores novamente, convocando todos para um diálogo sincero. Precisavam enfrentar as controvérsias e rivalidades que começaram a corroer a comunidade e restaurar a união que haviam sonhado tempos atrás. Toda vez que se sentava à mesa, carregada de expectativas, ela desejava um renascimento das conexões perdidas.

"Vamos começar com o que todos nós temos a oferecer. Cada um de vocês carrega uma história, um talento. É hora de expressarmos isso e ouvirmos uns aos outros", Ana dizia, ansiosa, mas cheia de coragem.

O que se seguiu foi um processo delicado de reconstrução emocional. Os colhedores começaram a compartilhar não apenas seus produtos, mas também suas histórias, seus medos e suas esperanças para o futuro. A comunidade começava lentamente a se reerguer, mas ainda havia muito a fazer até que as sombras da desconfiança fossem completamente dissipadas.

Assim, a luta pela sobrevivência e pela união tornava-se uma dança de sentimentos, onde o amor e os conflitos se misturavam. Pedro e Ana sabiam que mudar corações e mentes seria um desafio contínuo, mas estavam determinados a tentar. E, ao final, nem tudo que é perdido precisa permanecer assim. O amor em Brejão ainda tinha potencial para florescer, mesmo em meio à adversidade.

Ana sentou-se em um banco de madeira, observando os colhedores entrarem na sala comunitária. A tensão estava palpável no ar, mas ela sabia que havia chegado o momento de enfrentar os desafios que foram se acumulando. Pedro ao seu lado, pressionou a mão dela, um gesto sutil que lhe dava coragem.

"Todos nós estamos aqui porque acreditamos em algo maior do que nós mesmos", começa Ana, sua voz tranquilizadora flutuando entre os rostos preocupados. "O sistema de trocas que criamos é não só uma maneira de nos mantermos unidos e abastecidos, mas também um reflexo de quem somos como comunidade. Precisamos falar sobre o que está nos dividindo.".

O murmúrio tomou conta da sala, mas alguns rostos mostravam um ar de ceticismo. Joaquim foi o primeiro a se manifestar. "Ana, é verdade que quando começamos havia uma energia linda. Mas agora, ao invés de nos unirmos, alguns estão se aproveitando, levando mais do que dão.".

Ana assentiu, deixando claro que entendia a frustração dele. "Isso é uma preocupação legítima e precisamos resolver isso, mas precisamos fazer isso juntos. Criar regras que garantam que todos contribuam de maneira justa.".

Rogério levantou a mão com um gesto de desagrado. "E quem define o que é justo? O que é justo para você pode não ser justo para mim. Essa é a raiz do problema. Precisamos rever a dinâmica das trocas e garantir que estejam todas balanceadas, ou isso vai desmoronar.".

Pedro tomou a palavra. "Rogério, essa é a questão central. Precisamos de honestidade entre nós. E o que estamos propondo aqui é um espaço onde todos possam expor seus sentimentos e preocupações abertamente. O diálogo é o primeiro passo.".

As vozes começaram a se misturar novamente, mas Ana batia levemente palmas para chamar a atenção. "Devemos lembrar que, mesmo nas discordâncias, é o amor pela nossa comunidade que nos trouxe até aqui. Se não formos capazes de ouvir uns aos outros, toda a luta que tivemos para chegar até aqui terá sido em vão.".

Dona Lúcia, que ouvia em silêncio, apontou com calma: "Talvez devêssemos criar um grupo menor para discutir as dificuldades e identificar maneiras de aprimorar as trocas. Em um ambiente mais íntimo, as pessoas podem se sentir mais à vontade para compartilhar suas inquietações.".

E assim, num ato de reconhecimento à fragilidade do ambiente que criaram, a sala começou a se desdobrar em conversas mais individuais. Os ânimos, antes acirrados, começaram a se dissipar e uma nova luz de possibilidade despontou entre eles. O caminho para a unidade não seria fácil, mas Ana e Pedro estavam determinados a desbravar essa estrada.

"Vamos criar um espaço onde todos, independentemente da posição ou voz que tenham, possam ser ouvidos. Se não aprendermos a nos conectar uns com os outros, corremos o risco de perder o que construímos juntos", sugeriu Pedro com fervor.

As palavras começaram a ressoar na sala. O sentimento de união foi começando a emergir, e, enquanto mais e mais colhedores se colocavam à disposição para falar de modo aberto, um ciclo de compaixão se formou, reconstituindo um terreno anteriormente minado por desconfianças.

O clima de tempestade estava se dissipando gradualmente, dando lugar a um novo entendimento do que era ser parte de uma comunidade. Ana e Pedro olharam-se novamente, cientes de que a tempestade era apenas uma fase na jornada de todos eles. E, num sopro de novato sonho, perceberam que, em cada respeito e vulnerabilidade exposta, começavam a caminhar para um futuro onde a solidariedade reinará.

Nesse momento, o que antes era céu nublado agora descortinava nuvens brancas de esperança. Eles estavam dispostos a transformar esse espaço e esses laços, fazendo de Brejão não apenas um lugar para cultivar café, mas um refúgio de empatia, amor e crescimento. E assim, o processo de cura se iniciava, um passo de cada vez.

Capítulo 9

O amor proibido se intensifica; descobertas e desilusões

A brisa suave da manhã sussurrava pelos cafezais de Brejão, trazendo consigo o perfume adocicado dos grãos recém-colhidos. Mas, para Pedro e Ana, aquele dia era mais pesado do que os anteriores. O amor que compartilhavam se tornara um refúgio, mas também uma fonte de ansiedade. Com a crescente pressão da rivalidade na comunidade, ambos sentiam o peso das expectativas e dos olhares críticos sobre seu relacionamento.

"Você acha que eles estão falando de nós?", Ana comentou, sentando-se à sombra de uma árvore, os olhos escaneando o campo de colhedores. A insegurança reverberava em sua voz enquanto ela mordia levemente o lábio inferior. "Sinto que cada risada e sussurro são apenas palavras disfarçadas de desprezo.".

Pedro se aproximou, segurando sua mão, buscando confortá-la. "Não podemos deixar que aquilo que os outros pensam dite o que sentimos um pelo outro. O que construímos é precioso.". Ele falou com sinceridade, mas a tensão em seu olhar traía uma parte dele que temia a possibilidade de opiniões hostis.

As conversas, que antes eram cheias de esperança e sonhos, agora davam espaço a discussões sobre lealdade e desconfiança. Em cada esquina onde se encontravam, os olhares pareciam pesar sobre eles como um manto gélido. Como poderia florescer um amor em meio a tantas rivalidades e desconfianças?

Ana suspirou e olhou para o horizonte. "Eu quero que isso funcione, Pedro. Eu quero que as pessoas vejam o que nós temos como algo bonito, não como algo que deve ser julgado ou contestado.". Havia uma fragilidade nas suas palavras que tocava o coração de Pedro.

"Acredite, Ana", ele respondeu, aproximando-se, "nós temos que parar de pensar no que eles vão dizer. O que importa é a conexão que temos. Precisamos lutar para que nada nem ninguém quebre o que estamos construindo.".

Mas a verdade é que a sombra do passado de Ana se aproximava, como nuvens que ameaçavam um dia ensolarado. Ela ainda guardava segredos que poderia temer dividir com Pedro, e a ideia de revelá-los a deixava inquieta. A vida das últimas semanas a levava a mais momentos juntos, mas, ao mesmo tempo, surgiam estigmas que poderiam colocar em risco não apenas seu amor, mas também a própria união na comunidade.

Um dia, enquanto caminhavam pelo cafezal, Ana decidiu abrir seu coração. "Pedro, existe algo que eu preciso te contar. Algo do meu passado que pode mudar tudo entre nós.". O medo lhe apertava o peito, e, ao olhá-lo, viu a incerteza nas feições de seu amado.

Ele parou, seu coração batendo mais forte. "Diga-me o que for, Ana. Você sabe que eu estou aqui para você.". Pedro a encorajou, embora a percepção do que poderia estar por vir o enchesse de receios.

"Antes de vir para cá, minha família passou por uma fase muito dura. Meu pai também era colhedor, mas não tinha honestidade e acabou envolvendo-se em algumas confusões. Você compreende que as pessoas da cidade sabem disso.". Ela deixou escapar um suspiro profundo, como se a partilha a tivesse libertado de um fardo.

"O que aconteceu?", Pedro perguntou, preocupado, enquanto sua mão se apertava na dela, num gesto de apoio.

"O cultivo que fazíamos não era justo. Muitas vezes, vendíamos o café a preços justos, mas aqueles que estavam acima de nós não respeitavam as horas de trabalho. Isso trouxe muitos problemas para nossa família, e as marcas do que aconteceu ainda estão comigo", Ana contou, os olhos brilhando com lágrimas contidas.

Pedro sentiu uma amargura na boca. Ele não poderia deixar que o passado de Ana moldasse sua realidade atual. "Mas isso não define quem você é hoje! Você superou isso, e estamos juntos por um motivo. Precisamos mostrar a todos que o amor é maior que qualquer erro do passado.".

Ela olhou para ele, os sentimentos transbordando entre eles. Contudo, a verdadeira luta estava apenas começando. A entrada de um novo personagem na comunidade – um antigo conhecido de Ana que trouxe lembranças que preferia esquecer – poderia reabrir feridas que levariam a autoestima de volta aos limites.

Em meio a tudo isso, a conexão e a relação deles se tornavam-se uma dança delicada entre amor e temor. Enquanto a comunidade se unia em meio às desavenças, Ana e Pedro se afundavam cada vez mais na incerteza. Poderia aquele amor prosperar à sombra de um passado que ainda assombrava seus dias?

A resposta do destino pairava no ar, emaranhada entre os cafezais, e cada colhedor carregava seu próprio fardo de emoções e segredos, prestes a explodir em uma nova reviravolta na comunidade que os acolhia. E, assim, sob a pressão das incertezas, Pedro e Ana percebiam que o verdadeiro desafio estava apenas começando; cada escolha poderia levá-los a caminhos que nunca imaginaram e a uma verdade mais profunda do que qualquer um dos dois poderiam suportar.

Pedro e Ana caminhavam pelo cafezal, cada passo ressoando em suas mentes como uma melodia intranquila. O amor florescente entre eles, que antes era um abrigo seguro, tornava-se uma questão delicada, enredada em segredos e receios. Ana, sempre tão vibrante e aberta, agora se via envolta em sombras do passado que a perseguia, como uma antiga música que não se calava.

"Pedro", começou ela, hesitante, a voz quase desaparecendo em meio ao canto dos pássaros. "Eu sinto que você precisa saber mais sobre mim, sobre a minha história…".

Ele parou, o olhar intenso fixado nela. "Ana, do que você está falando? Sempre fui transparente com você. O que importa é o que temos agora.". Seu coração acelerava, a preocupação inchando em seu peito. O que Ana fosse revelar poderia mudar tudo entre eles.

"É que…", Ana respirou fundo, como se estivesse prestes a mergulhar em águas profundas. "Antes de chegar a Brejão, eu… eu vivi momentos que me marcaram profundamente. Meu pai lutava contra seus próprios demônios. Ele, assim como você e eu, era colhedor, mas perdeu-se na busca pela sobrevivência. O que ele fazia…", suas palavras foram cortadas pela tensão que se acumulava no ar.

"Você não precisa contar nada que não queira", Pedro disse, tentando oferecer conforto, mas também a proteção a que ele estava tão habituado em seu próprio passado. "Estamos juntos por um motivo. O que importa é que você me ama, e isso é o que eu mais valorizo.".

O silêncio se fez presente. Os olhos de Ana brilhavam, lágrimas quase se desprendendo ao confessar seu maior medo. "Mas, e se esse amor não for suficiente? O que eu tenho são cicatrizes e inseguranças, e sinto que estou prestes a desabar. E isso, Pedro, pode afetar nossa relação.". Sua voz tremia como as folhas ao vento, feito os galhos dos cafezais em meio às ventanias.

Ele apertou sua mão, decidindo ser uma rocha firme. "Ana, é por isso que estamos juntos, não? Para enfrentarmos nossas tempestades. Eu também tenho os meus medos. Precisamos ser honestos um com o outro. O que você está tentando esconder?".

Ela encarou-o, as emoções à flor da pele. "O álcool e a discórdia da minha casa afetaram a nós todos, culminando em escolhas ruins. E agora estou aqui, mas não quero que isso seja um fardo que carregamos.". Falar sobre isso quase a desnudava, mas ela sabia que precisava ser honesta.

"Como você acha que isso vai afetar a forma como os outros nos veem? O que pensam sobre nós? Não posso suportar a ideia de que eles possam julgar e se afastar de nós. Você é tudo que eu tenho.". A vulnerabilidade nas palavras de Pedro doía como uma ferida aberta.

Ana, engolindo seco, ponderou em voz baixa, "Uma vez, eu cometi erros, e eles me definiram. Eu posso ser um alvo, e o que se estabelecer em nossa vida não será apenas nosso amor.". A velha sombra havia retornado, envolta em memórias e preocupações.

"Não deixe que o passado defina seu valor. O poder está em quem somos agora, e eu estou aqui para você", ele declarou, o símbolo firme de um amor que não se abalaria tão facilmente.

Mas o que Pedro não sabia era que as fofocas na comunidade tinham começado sua dança trovejante. Os olhares e comentários sobre eles, sobre o passado de Ana e a conexão que compartilhavam, tornavam-se a espiral do escândalo. Alguém havia visto Ana em companhia de um velho amigo, alguém que despertava lembranças amargas e questionamentos avassaladores. Com isso, o peso das percepções alheias começava a ocupar espaço na mente dela.

"Eu não sei se sossego é o que espero", sussurrou Ana. "Como se pudéssemos viver nossa verdade, mas ao mesmo tempo sermos desmascarados pelas sombras.".

Naquela tensão, a expectativa se tornava uma arma de dois gumes. A confissão de Ana e a coragem de Pedro se entrelaçavam, cada um buscando a luz entre as sombras que ameaçavam seu amor, mas a escuridão parecia se aproximar. Diante dessa tempestade emocional, as fragilidades humanas se revelavam: o medo da rejeição e o peso da história familiar; uma batalha silenciosa que muitos enfrentavam, sem sequer perceber a grandeza daquela luta.

"Precisamos enfrentar isso juntos", declarou Pedro, a admiração invisível fazendo sua alma ressoar. Ele pegou a mão de Ana, e juntos observaram os cafezais sob a luz do dia, cada folha balançando sussurros de promessa.

Talvez o amor deles pudesse suportar os tumultos do passado, e, se não afundasse sob o peso das rivalidades, poderia florescer em algo que extravasasse todas as inseguranças. No fulgor do cenário natural, a resolução de um novo começo começava a se formar, como o perfil de um novo amor despontando no horizonte.

O amor estava ali, puro e sem enganos, esperando por um tempo em que as verdades irrefutáveis poderiam finalmente ser ditas sem receios. E assim, sob a gloriosa luz da manhã, continuaram pelo caminho, desejosos de descobrirem juntos não apenas quem eram, mas quem poderiam se tornar unindo suas histórias.

Nesse terno entrelaçar do amor e do medo, Pedro e Ana perceberam que compartilhar as verdades mais profundas poderia ser o único caminho que os levaria à liberdade desejada, a um futuro onde o passado não significasse a sentença de condenação, mas o início de uma nova narrativa repleta de força, união e amor.

O amor entre Ana e Pedro estava prestes a ser testado de maneiras que jamais imaginaram. Enquanto a comunidade enfrentava as confusões da rivalidade, eles se permitiram sonhar juntos sob a luz suave da manhã, embora a sombra do passado pesasse sobre Ana como um manto invisível e opressivo. Naquelas trocas tranquilas de olhares e sorrisos, um novo poder os unia, mas os ecos do passado ainda reverberavam em suas mentes.

"É tão difícil pensar no que os outros dizem", Ana desabafou em um tom sussurrante, sua voz tremendo sutilmente. "Sinto que todo mundo está de olho em nós, esperando qualquer deslize.".

Pedro assentiu, a preocupação evidente em seu olhar. "Sei que temos que enfrentar isso juntos. O que sentimos um pelo outro deve ser forte o suficiente para resistir a qualquer tempestade que vier", disse ele, desejando que seu otimismo pudesse aliviar os medos de Ana. Contudo, mesmo suas palavras energéticas não podiam abafar a inquietação que crescera em seu peito.

Naquele mesmo dia, enquanto o dia se desenrolava e os colhedores voltavam ao trabalho, uma figura familiar surgiu nas margens da plantação. Era Carlos, um conhecido do passado de Ana, alguém que trouxe à superfície lembranças que ela preferiria manter enterradas. Ele irrompeu na rotina de Brejão como uma onda feroz que ameaça desmoronar as areias da confiança que a comunidade havia construído.

"Olhem quem chegou!", Carlos anunciou com um sorriso travesso, contagiando alguns colhedores que estavam mais abertos à fofoca do que deveriam. "Ana, você ainda lembra de mim?".

O coração de Ana disparou, o passado nublando sua percepção. "Carlos, você não deveria estar aqui", respondeu Ana, sua voz retraindo-se em um sussurro, em parte aliviada, em parte preocupada.

A festa da comunidade, marcada para o próximo mês, poderia ser um momento de reflexão, mas agora a presença de Carlos se tornou um tormento. Ele não apenas trazia os velhos tempos à tona, mas também levantava os fantasmas que Ana tentava esquecer, relacionamentos e comportamentos que testavam seus valores.

Pedro, mantendo-se próximo a Ana, notou o desconforto dela. "Está tudo bem?", ele perguntou, receoso da tensão que se acumulava nas feições dela. Cada segundo parecia arrastado, enquanto os murmúrios sobre Carlos aumentavam, e uma nuvem de desconfiança se formava ao redor.

"Pedro, não posso enfrentar isso agora. Carlos traz consigo o peso do que eu deixei para trás. Ele pode ser o tipo de pessoa que arrasta as coisas para o lodo", respondeu Ana, tentando se manter firme, mas sentindo-se vulnerável diante dos olhares curiosos dos outros colhedores.

O que deveria ser apenas um encontro casual tornou-se um cenário propício para os rumores. Como uma chama solene que se alimenta do vento, a história começou a se espalhar pela comunidade, e logo o passado de Ana tornou-se o foco de conversas, transformando não apenas a percepção dela, mas alterando as relações estabelecidas em Brejão.

"E a Dança das Esperanças", um dos colhedores questionou sobre o evento. "Significa que teremos uma celebração bem pesada, não é mesmo?". E, nesse momento, ficou claro que a presença de Carlos não apenas tencionava as emoções entre Pedro e Ana, mas desafiava a moral da comunidade inteira, que já enfrentava seus próprios abalos mútuos.

Carlos, em sua arrogância, banhava-se na atenção que atraía, enquanto Ana tentava sufocar sua dor interna. "Ana", ele disse com um tom provocativo. "O que houve? Você subestimou o prazer que podemos ter quando nos olhamos nos olhos. Ahh, as boas memórias! Ou você prefere ser apenas um colhedor enfadado?".

Aquilo soou como um golpe no coração de Pedro. "O que você quer?", ele perguntou, tentando não demonstrar a fúria que ameaçava explodir. Era uma tensão palpável e precisava ser resolvida.

"Eu tentei reatar laços que pareciam ter sido apagados, mas talvez este novo romance que você tem não permita tal conexão", Carlos murmurou, criando um ar de intriga.

Os olhares da comunidade pesavam sobre eles, alimentando uma narrativa que alavancava sua união ao caos. Agora, Ana estava dividida e focada em proteger o que era verdadeiro, mas o peso da expectativa da comunidade e o trauma de sua história tornaram-se insuportáveis.

"São os ramos de espinhos que trazem as flores", Ana pensou, tentando encontrar a força em sua fragilidade. Mas as flores eram apenas flores, dependentes de cuidados e, quase sempre, navegando pelas águas da insegurança.

Pedro percebeu que o tempo de romantizar as memórias havia terminado. Era hora de um confronto necessário, uma luta pela verdade que levaria a ficar de pé novamente. Sabia que a verdadeira batalha seria torná-los invencíveis diante das tragédias e sombras que desafiavam seu amor e, assim, selou a promessa de que não permitiria que Carlos se interpusesse entre eles.

Esse era o custo do amor, um jogo perigoso que se tornava cada vez mais complicado, mas Pedro e Ana estavam decididos a lutar por sua união e pela comunidade que tinha tanto a ganhar ao deixarem as rivalidades para trás.

Juntos, mesmo em meio ao caos, Pedro e Ana vislumbraram a possibilidade de renascer das cinzas. E, nas ruas de Brejão, uma nova história se formava, onde o amor poderia triunfar diante do escândalo, e a verdadeira essência da comunidade poderia voltar a brilhar intensamente, apesar das tempestades que se formavam no horizonte.

O presente traz à tona um momento crucial na vida de Pedro e Ana, onde não apenas suas emoções se entrelaçam, mas também estava por revelar as fragilidades e a força do amor em meio a um passado turbulento. Eles se reúnem em busca de um entendimento profundo, conscientes de que os segredos escondidos apenas intensificam a desconexão da comunidade.

"Você realmente acha que podemos enfrentar isso juntos?", Ana questionou, seus olhos refletindo uma mistura de insegurança e esperança. "Eu tenho medo do que as pessoas vão pensar, do que Carlos pode dizer.". A tensão se tornava palpável em cada palavra proferida, enquanto a vida nos cafezais passava em um ritmo quase frenético, fora de seu diálogo.

Pedro fez uma pausa, ouvindo o canto das aves e o barulho do balançar das folhas. "O que importa, Ana, é a nossa verdade. Ninguém pode entender o que vivemos a não ser nós dois.". Ele segurou firmemente a mão dela, como se desejasse transferir toda a força necessária para enfrentar a tempestade que se aproximava.

"Se Carlos trouxer à tona seu passado, nós vamos nos apoiar e contar nossa história juntos.".

Cada um refletiu em silêncio, ponderando as palavras, até que Ana finalmente disse: "A decisão de estar com você foi a melhor que já tomei. Não desejo que nada destrua isso.". Mas as dúvidas persistiam, pois não apenas o passado de Ana tinha seus próprios desafios, mas agora também a comunidade parecia concentrar-se em boatos que poderiam desestabilizar tudo.

Naquele instante, Carlos notou a tensão entre o casal e se aproximou, um sorriso travesso no rosto, como se tudo o que havia feito para desestabilizá-los se tornasse um jogo divertido. "Vocês parecem preocupados. O amor é lindo, mas às vezes pode trazer grandes surpresas, não é mesmo?". A provocação era evidente, e os olhares que circundavam a cena pareciam aguçar a curiosidade e o julgamento.

Pedro trocou um olhar com Ana, desconfiado das intenções de Carlos. "Estamos apenas aproveitando a beleza do nosso amor", ele respondeu com firmeza, enfrentando aquele que travou uma batalha em sua essência. "O que você pensa não vai nos afetar.".

A risada de Carlos ecoou, uma risada que soava como um prenúncio de tempestade. "Ah, meu caro, talvez você esteja sendo um pouco ingênuo. A verdade sempre encontra um jeito de vir à tona. E, assim, todos teremos muito a discutir sobre os caminhos que tomamos.".

Com a comunidade em volta, murmúrios de descontentamento começaram a surgir. As palavras de Carlos serviam como combustível para o fogo da rivalidade, e Pedro sentiu uma necessidade urgente de se proteger não apenas de Carlos, mas das opiniões que os cercavam.

Ana olhou para Pedro, seu coração batendo acelerado. "Pedro, precisamos agir com prudência. O que ele disse não pode se concretizar; não podemos deixar que essas falas interfiram no que temos. Cada um carrega seu fardo... eu não posso me tornar um fardo pra você também.".

Naquele diálogo entre esperança e dor, eles se sentiram sufocados entre as expectativas da comunidade e suas fraquezas pessoais. Mas na maneira como se apoiavam, um fio de determinação começou a se tecer novamente entre eles. Juntos, perceberam que a verdadeira força estava na vulnerabilidade que compartilhavam.

"Se o passado nos assombra, que seja apenas uma sombra que ilumine os aprendizados que levamos conosco", Pedro sugeriu, desejando que a nova consciência os libertasse. "Assim, cada um será livre para construir seu próprio futuro.".

Ali, nas extensões do cafezal, o amor deles começou a solidificar-se, mesmo diante da tempestade que se avizinhava. O passado pode ser um fardo, mas a união e o apoio eram escudos e lanças. Juntos, eles decidiram enfrentar as incertezas e equilibrar os pensamentos pesados e futuristas. A coragem advinda desse amor os impulsionava, mesmo que, como café em egresso, viesse sempre acompanhado da amargura.

Carlos, agora um espectador de um amor forte diante de chamas desafiadoras, percebeu que aquele amor poderia, de fato, desestabilizá-lo e que seus sussurros poderiam se tornar inconsequentes se não os dirigisse com cuidado. O embate em que havia entrado se mostrava mais profundo do que uma simples disputa de interesses.

Assim, a névoa das desilusões começava a se revelar como uma oportunidade. Enquanto o sol se punha sobre os cafezais de

Brejão, o calor das promessas não se apagara, mas sim inflava a esperança de um recomeço. Pedro e Ana, apesar dos obstáculos, estavam prontos para navegar por aquelas águas turbulentas, arriscando-se a desafiar o universo para legitimar o que sentiam. E, irremediavelmente unidos, estavam decididos a enfrentar todos os desafios futuros com a mesma coragem que uniu suas almas.

O amor deles começava a forjar um caminho que não apenas iluminaria seus dias em Brejão, mas também poderia até mesmo mudar os cenários que habitavam. Desde o fundo do coração, uma certeza se tornava uma verdade na mente de ambos: seus sentimentos eram mais poderosos do que qualquer adversidade, tornando-se assim o alicerce fundamental de um novo capítulo que ainda estava por vir.

Capítulo 10

A grande festa da colheita

O aroma dos grãos de café pairava no ar como uma promessa. Brejão pulsava com uma energia vibrante, enquanto o dia da Festa de Reis, na qual celebravam a colheita, finalmente se aproximava. As ruas estavam decoradas com fitas coloridas e flores silvestres, e os risos e murmúrios da comunidade preenchiam o espaço como música alegre. Era uma época esperada, um momento em que colhedores e moradores celebravam o que havia sido conquistado, e também um espaço para recomeços e confraternizações.

Pedro e Ana estavam organizando a multidão animada, ambos mergulhados numa empolgação inimaginável para os preparativos da grande Festa de Reis. Com as mãos unidas, eles caminhavam empolgados pelos quarteirões decorados, entre sorrisos e cumprimentos que pareciam marcações na frequência da felicidade coletiva, e também na expectativa do que poderia desencadear.

"Olha só quantas flores recortadas. Você vai me ajudar a enfeitar nosso estande?", Ana indagou, sua voz entrecortada pela animação. Por um momento, estava tão absorvida que o passado e as desconfianças pareciam longínquos.

"Claro! Precisamos que nosso estande seja o mais bonito", Pedro respondeu, repleto de entusiasmo. Era aquela aliança de esperanças e sonhos que os fazia acreditar que seu amor poderia sobreviver a qualquer criação de desafios.

"É, mas espero que a presença de Carlos não cause tensões", Ana comentou, seus olhos se cerrando ligeiramente ao pensar no amigo do passado que havia se tornado um tipo de sombra durante os dias de festa. "O que ele fará entre nós? A sua provocação não vale a pena, e estamos aqui para aproveitar.".

"Dane-se, Carlos", respondeu Pedro, sua voz firme e assertiva. "Vamos focar em nós e na alegria da festa. Lembre-se do porquê estamos juntos e do quanto aquilo que temos é especial. Precisamos apenas viver cada instante, este momento exige que estejamos aqui de corpo e alma para celebrar todas as conquistas e apoiar as manifestações culturais de nossa gente.".

No ar, flutuavam os ecos da música que começava a preencher o ambiente, e a agitação em breve se transformaria em dança e celebração. Porém, no fundo de ambos, uma voz sussurrava a incerteza. Se o evento tomaria um rumo pacífico ou tumultuado, os olhos da comunidade observavam, sempre atentos, preparados para dissociar os corações de qualquer fragmento de conflito que viesse a ocorrer.

À medida que os preparativos avançavam, conversas começaram a fluir entre os colhedores. Na fila para os últimos detalhes da decoração, olhares ansiosos trocavam palavras de encorajamento e tensão, dividindo-se entre um sentimento de comunidade e a crescente rivalidade.

"Esta festa representa muito mais do que a colheita", comentou uma das vizinhas de Ana, com um sorriso que deixava transparecer muito entusiasmo. "É um espaço para renovação! O passado fica para trás, e todos os temores se desfazem, porque o desejo de festejar a vida se sobressai a qualquer murmuração ou desavença que ocorra.".

"Com certeza", murmurou outra, "mas também temos que estar atentos. Há sempre o peso das palavras que podem ser ditas inseguramente. O amor e as desavenças se entrelaçam de uma maneira estranha.".

Com o pôr do sol desenhando nuances de ouro sobre as teias de café, o dia da festa finalmente chegou. Pedro e Ana se arrumaram com as melhores roupas que possuíam, adornados com sorrisos e uma apreensão silenciosa. Eles se dirigiram ao centro da festa, onde a música nascia dos grupos que se reuniam constantemente, uma energia contagiante, cujo eco reverberava em seus corações.

E assim que a celebração começou, a sensação de alegria e liberdade encheu o ar; o espaço se tornava um eco de risadas e abraços. O cheiro de comidas regionais enchia o ambiente, misturando-se ao aroma do café recém-preparado. Pedro e Ana dançavam entre as colunas erguidas, suas mãos entrelaçadas como se, juntas, pudessem resistir a qualquer tempestade que se aproximava.

Mas a aparição de Carlos agitou a cena como um relâmpago. Ele chegou, cercado por um grupo de colhedores que pareciam tão entusiasmados quanto intrigados. A presença dele encarnava uma realidade que ambos temiam enfrentar as provocações que estavam prestes a se concretizar.

"Olha quem finalmente resolveu celebrar em vez de apenas trabalhar", Carlos exclamou, lançando olhares sardônicos. "Espero que a colheita tenha sido boa para todos, mas não esqueçamos de que ainda tem um longo caminho a percorrer na vida.".

A tensão logo reverberou, e o riso se apagou como a luz de uma vela em um vento forte. Pedro fechou a mão em um punho. "Se você acha que vir aqui trazer discórdia é algo agradável, Carlos, você está muito enganado.".

E como se o cerco já estivesse armado, a multidão começou a murmurar, pressionando-se para ouvir o que estava prestes a acontecer. Ana sentiu a pressão do ambiente se intensificando, como um eco de seu próprio passado que quase não deixara lidar. "Pedro, espera...", sussurrou, sentindo que uma nova batalha se aproximava.

"O que você quer, Carlos? Se meu amor por Ana está incomodando você, isso não é problema meu.". As palavras de Pedro estavam repletas de sinceridade, mas a impetuosidade começava a emergir, preparando o caminho para conflitos que haviam sido enterrados e agora estavam prestes a emergir no baile ao vivo da festa.

"Somente uma última advertência... este amor não é aceito por muitos. A sombra do seu passado sempre estará aqui", Carlos retrucou, incitando a instabilidade que revelava mais do que simplesmente o conflito entre eles; estava trazendo à tona inseguranças e a verdade não dita que pairava na atmosfera.

Diante daquela trocação de palavras, a comunhão sincera entre os colhedores parecia desmoronar, e as tensões começaram a fragmentar os laços que cada um tentara construir ao longo do tempo. O que deveria ser um momento de celebração transformava-se em um campo de batalha. Carlos se mostrava um orgulho perfeito dentre os colhedores, sendo a isca para os sentimentos guardados.

"Basta!", gritou Ana, interrompendo a escalada de hostilidades. "Se hoje é um dia de celebração, não vamos manchar isso com lembranças ruins! O passado pode ter sido difícil, mas o que temos é poderoso o suficiente para desviar qualquer tempestade!".

Os olhares se fixaram em Ana, enquanto ela, com determinação, enfrentava o próprio passado em um momento que terminaria por selar o preço do amor. O murmúrio apareceu novamente entre os festivos, e a música soou como um chamado à ação.

Pedro a olhou orgulhoso, aquele foi um momento de bravura que se tornaria a essência da festa. O calor da união começava a irradiar, enquanto os conflitos eram dissipados pela força do amor e da comunhão que estava sendo testada.

Seus amigos, ao lado deles, começaram a dançar novamente, contagiados pela coragem que pairava no ar. A festa reacendia, as risadas ecoando mais forte e cada passo de dança ressoando como um grito de liberdade e renovação. Naquele espaço repleto de incertezas, todas as almas se conectavam mais uma vez, um renascimento nas experiências e nas vozes.

Ana e Pedro, nesse reencontro de espíritos unidos, perceberam que o amor é um roteiro de coragem majestosamente escrito pelos corações que se recusam a viver na sombra dos próprios passados. E, à medida que a festa avançava, eles sabiam que, juntos, eram mais que apenas colhedores de café; eram sonhadores e construtores de um mundo onde o amor e a comunidade podiam superar qualquer adversidade.

O clima da festa pulsava com uma energia contagiante, uma aurora de alegria que iluminava as ruas de Brejão. Pedro e Ana deixaram a casa, suas mãos entrelaçadas como se fossem um só coração, prontos para se lançarem no festim do último dia de trabalho. Havia uma mistura de excitação e apreensão no ar, como se toda a comunidade estivesse consciente de que aquele evento não era apenas uma celebração da colheita, mas também um teste para os laços que os uniam.

"Sobre o que vamos falar quando estivermos lá?", perguntou Ana, na expectativa de se libertar um pouco das incertezas. "Você acha que Carlos irá se intrometer de novo?".

Pedro, percebendo o peso que aquele nome carregava, deu-lhe um sorriso encorajador. "Não podemos deixar que as incertezas do passado estraguem o nosso presente. Vamos aproveitar cada momento, Ana. Hoje é sobre nós, nossos amigos, e, claro, o café.".

À medida que a música começava a ecoar pelas ruas, os rostos de familiaridade surgiam em meio ao público alegre. A festa estava repleta de cor, com tendas decoradas, mesas fartas, pratos típicos e risos dissolvendo-se na brisa suave. Cada passo que davam em direção ao centro da celebração era uma reafirmação do que sentiam.

Não longe dali, um grupo de colhedores dançava, formando um círculo animado. A exaustão dos dias de trabalho duro parecia desaparecer, dando espaço para sorrisos radiantes e olhares calorosos. Era como se a magia do evento conectasse cada um deles à essência da vida e do amor que construíam naquelas terras.

"Olha só! João está mostrando seus passos de dança de novo", Pedro riu, apontando para seu amigo, que se movia com uma energia inexplicável. Ana não pôde conter o riso, e por um instante, tudo parecia luminoso e sereno.

Mas a atmosfera tranquila foi rapidamente ofuscada quando Carlos apareceu. Ele caminhou pela festa com um ar de propriedade, seus olhos espreitando cada interação, pronto para semear a discórdia. Ao encontrar Pedro e Ana, seu sorriso era provocador.

"Ah, que lindo ver um casal tão apaixonado prosperando em meio a tanta tensão", disse Carlos, seu tom sarcástico preparando o terreno para um embate. A multidão ao redor absorveu a tensão, seus olhares curiosos se voltando para o confronto iminente.

Ana injetou coragem nas palavras. "Estamos aqui para celebrar, Carlos. Por que você não se junta a nós em vez de provocar?".

"Ah, mas eu não posso deixar passar a oportunidade de ver as máscaras caírem", ele respondeu, sua expressão maliciosa revelando que o seu papel era ser um agente da desconfiança.

Pedro sentiu a necessidade de se posicionar. "Você está errado se acha que vai estragar este momento. Cada um de nós já enfrentou o passado, e isso nos torna mais fortes.".

Mas Carlos apenas riu, como se aquele desafio fosse exatamente o que ele buscava. "Fortes, você diz? Às vezes, a verdadeira fortaleza está em esconder nossas inseguranças. Apenas lembre-se de que a verdade pode ser como café: amarga para alguns e doce para outros.".

Os murmúrios se espalharam pela multidão; o clima mudou rapidamente, como um relâmpago que corta um céu claro. Era um efeito dominó, e o que deveria ser uma festa em unidade agora flertava com a divisão. Ana se sentiu presa entre o que deveria ser uma celebração e a inquietante realidade da presença de Carlos.

"Não temos que sucumbir a isso, Pedro", ela sussurrou, segurando sua mão com força. "Não podemos deixar que ele roube o que temos.".

"Você está certa", ele respondeu firmemente. "Porém, esse é um teste não apenas para nós, mas para todos aqui. É o momento de mostrarmos que o que construímos é mais poderoso do que qualquer ataque.".

A música continuava a tocar, as pessoas dançando e se alegrando ao redor deles, mas cada olhar em direção ao triângulo de tensão parecia um convite ao confronto. A festa se tornava um campo de batalha entre amor e desconfiança, com todos os colhedores segurando suas histórias não contadas e seus sentimentos à flor da pele.

Carlos não ia desistir tão cedo. Ele se aproximou de Ana, como se quisesse provocar emoções de desconfiança. "Você realmente acredita que alguém como Pedro, que viveu tudo isso, não ficará tocado pelas histórias de seu passado? Como você pode ter certeza de que não será uma farsa?".

Notas de desespero se elevavam na voz de Ana. "O que importa é o que somos hoje. Pedro é meu amor e tem valor para mim. Este é o nosso momento, e estamos prontos para lutar por ele.".

E aí veio a epifania. O resto da comunidade começou a se mobilizar ao redor deles, percebendo que era mais do que uma briga entre duas pessoas. Era o desenrolar de um esforço coletivo para garantir que o amor e a união prevalecesse sobre a discórdia.

"Carlos, sua luta é contra a correnteza desse amor!". Um dos colhedores gritou, levantando-se em defesa de Pedro e Ana. "Hoje não seremos um alvo de ataques! Temos nossas vozes e não deixaremos que sejam silenciadas!".

Ouvindo a declaração, Pedro sentiu o fogo da determinação arder mais forte em seu peito. Ele olhou para Ana, que retribuiu o olhar que dizia tudo. Era um pacto silencioso, e juntos estavam prontos para enfrentar a maré que se formava ao redor deles.

A energia da festa começou a retornar, mas não sem um último desafio. Carlos, apesar de tudo, não era uma figura a ser subestimada. Ele poderia tentar dividir, mas Pedro e Ana se tornaram faróis em meio à tempestade, refletindo a verdadeira força que crescia em suas cabeças e corações.

"Vamos dançar, Pedro!", Ana exclamou, puxando-o para o centro da festa. "Vamos mostrar que, apesar de tudo, o amor é o que importa.".

E dançaram. A música ressurgiu, e cada passo era uma declaração de que estavam juntos, enfrentando qualquer vento ou tempestade. As vozes da comunidade se uniram, e aquele dia, mesmo repleto de desafios, se tornaria um poderoso testemunho do amor imbatível que florescia entre os cafezais de Brejão. Eles dançavam como se o mundo inteiro não importasse, e assim, transformaram o que poderia ser destrutivo em algo glorificamente renovador.

O amor de Pedro e Ana se reafirmava sob a luz da festa, mostrando que, com união, poderiam ultrapassar qualquer obstáculo que surgisse em seu caminho, juntos, dançando ao ritmo da vida.

Carlos se aproximou com um sorriso malicioso, provocando Pedro e Ana como se fosse um maestro da discórdia. No ar, havia um peso palpável de expectativa e tensão, como se as notas da música festiva estivessem prestes a ser cortadas por um alarme.

"Ah, o belo casal", ele começou, a voz exageradamente doce. "Estão prontos para o que a festa reserva? Espero que o seu amor mantenha vocês seguros em meio ao caos.".

Pedro sentiu seu peito apertar. "Que tipo de caos você está insinuando, Carlos?", cada palavra saía com a firmeza de um trovão que poderia romper a calmaria da festa.

Carlos apenas sorriu, um sorriso que escondia mais do que revelava. "Você realmente não percebe? As pessoas estão falando... Se o amor de vocês for forte, por que se importariam? Você sabe, duas faces de uma mesma moeda".

Ana, em uma tentativa de se manter firme, interveio: "O que passou não define quem somos hoje. Estamos aqui para celebrar, Carlos, não para alimentar suas provocações.".

O eco da bandeja de pratos se chocou contra a mesa, e a música da festa retomava o ritmo, mas todos pareciam igualmente intrigados pela interjeição entre eles. A atmosfera se aquecia, e as conversas em sussurros se multiplicavam ao redor, como se cada colhedor tivesse seus próprios segredos pairando no ar.

Carlos, percebendo a atenção que atraíra, provocou um novo questionamento: "E se alguém trouxer à tona o que você preferiria manter quieto, Ana? Essa seria uma maneira muito 'franca' de olhar para a sua maravilhosa história de vida.".

Pedro se posicionou à frente de Ana, o olhar ardendo em um calor determinado. "Basta, Carlos. Você não é bem-vindo aqui. Essa festa é por amor, por nova vida e colheita, não um palco para suas mentiras.".

A multidão começou a reunir-se ao redor, coerentemente, respeitando o valor do que Pedro estava fazendo. Ana se sentiu dividida entre querer se esconder e também se tornar a voz que decidia falar sobre suas verdades.

"Você não tem poder sobre nós", Ana declarou, tomando coragem. "Seu passado não é uma sombra a nos dominar. O que realmente importa é o amor e a comunidade em que vivemos.".

Mas as palavras ainda dançavam pelo ar, misturando-se às conversas emocionadas, suas confissões honestas ecoando nas mentes dos colhedores. O conflito fez com que alguns começassem a balançar a cabeça, prestando atenção na maneira como um amor resistente poderia surgir em meio a tanta dúvida.

Carlos, vendo que a balança estava se inclinando contra ele, optou por recuar, mas não sem disparar um último insulto: "Apenas tenha cuidado, pois cada palavra pode fazer um estrago enorme após o dia de hoje.". Então, com um aceno teatral, ele se afastou, mas a tensão que ele trouxe pairava como uma nuvem escura.

A música logo começou a tocar mais intensamente para reanimar os ânimos, e Ana olhou para Pedro, o coração batendo como nunca antes sentido. "Precisamos enfrentar isso. Não só eu, mas você também. Carlos é só o retrato de tudo que tememos", ela sussurrou, com a voz entrecortada.

Pedro a abraçou com fervor. "Nada nem ninguém nos separará, Ana. Estamos juntos até o final. Vamos dançar agora e mostrar a todos que podemos criar nossa verdade.". Com essas palavras de determinação, eles entraram no centro da roda de dança, entre sorrisos e batidas do coração, onde a magia e a luz da festa iluminavam as faces dos colhedores.

E assim, em um estado de resiliência emocional, Pedro e Ana mostraram que, apesar da tempestade que poderia ameaçá-los, o amor deles se tornava um sinal luminoso em meio à escuridão, aquecendo os ânimos da festa de uma comunidade tão unida e resiliente. O calor da dança e os sorrisos renovados se espalharam pelo público, transformando o confronto em celebração, e a música tornou-se uma ode à superação.

O clímax estava mais próximo do que nunca, mas eles sabiam que, unidos, poderiam enfrentar qualquer tempestade que se aproximasse, e agora, mais do que nunca, estavam determinados a transformar suas inseguranças em oportunidade e força, que levaria a todos ao caminho da luz.

Enquanto a festa da colheita se desenrolava em Brejão, o calor da música e das danças começou a espalhar uma onda de alegria inegável. Isso lentamente ajudava a dissipar a tensão que pairava no ar desde a provocativa aparição de Carlos. Ana e Pedro, de mãos dadas, se perderam no ritmo vibrante da celebração, transitando entre convidados e envoltos em risadas.

"Olha como todos estão felizes, Pedro!", Ana exclama, vislumbrando os rostos conhecidos ao seu redor, finalmente se permitindo sentir a energia positiva que brotava com força.

"É! A festa precisa ser nossa, Ana. Vamos nos deixar levar pela música, independentemente de qualquer um", respondeu Pedro, sorrindo, enquanto a dança os puxava mais para o centro da festa.

Enquanto giravam e rodopiavam, as cores do evento pareciam fazer mágica. As músicas tradicionais tocavam, e os colhedores unidos desde o amanhecer estavam juntos para celebrar não apenas a colheita, mas também a resiliência e coragem que os uniam.

No entanto, a sombra de Carlos ainda persistia, como um eco constante de tensão. Ele, por outro lado, se aproximou de um grupo ao lado, observando Ana e Pedro, enquanto murmúrios de dúvida começaram a se propagar novamente. Em um momento, enquanto Ana e Pedro dançavam, Carlos fez questão de lançar palavras de provocação, que se erguiam como espinhos ao entorno.

"Não é uma festa, é uma grande trapaça", um grito distorcido vindo de Carlos ecoou nas proximidades, buscando dar combustível aos rumores que desejava vingar. "Seria curioso ver como o amor de vocês resiste a cada nevoeiro de desconfiança por aqui.".

Ana congelou por um momento, a música ao redor deles desaparecendo em um vácuo penoso. Ela puxou a mão de Pedro, o coração batendo acelerado com a súbita tensão que surgia novamente. "O que fazemos, Pedro?", perguntou, quase em um sussurro.

Pedro, percebendo que precisavam enfrentar o desafio, respirou fundo e firmou a postura. "Vamos mostrar a ele que não somos definidos por seu passado. Se a comunidade levantar dúvidas, quem somos nós para calar nossos corações?". A bravura tomou conta dele, e Ana se sentiu mais forte. Em um gesto profundo de união, avançaram em direção a Carlos juntos.

"Carlos!", Pedro exclamou. "Se você realmente se importa com a comunidade, deve entender que trazer discórdia não vai nos colocar abaixo. O amor é mais forte do que qualquer rumor infundado.".

Ana completou, "O que podemos fazer é mostrar a todos que estamos prontos para enfrentar o que vem pela frente, lado a lado.".

A multidão começou a se reunir, ansiosa para saber o que se seguiria. E assim, um círculo se formou em volta daquilo que poderia ser um confronto decisivo.

Carlos riu, mas havia uma disfarçada inquietação em seu olhar. "Ah, o que você sente se transforma em tragédia. Cada ausência em sua fragilidade traz de volta o que foi apagado, e você aqui só expõe o que já sabemos: o seu amor é a sua vulnerabilidade. O que pensarão, realmente, se vir seu dia de felicidade desmoronando sob essas luzes?".

Os murmúrios começaram. As palavras de Carlos plantavam dúvidas nas mentes dos colhedores, e Ana viu várias expressões se transformarem ao seu redor. Mas, em vez de permitir que o medo a dominasse, ela se sentiu determinada a não recuar.

"Meu passado é uma construção de quem eu sou, e Pedro é a luz que me guia no presente!". Ana disse em voz alta. "E da mesma forma, sentar-se em uma mesa cheia de julgamentos nunca irá impedir que o amor ame em liberdade. Podemos compartilhar nossos erros, mas seremos fortes juntos.".

A conexão entre os colhedores fluiu como um vento fresco à luz do dia, e a música contínua invocou risos e calor. Naquele momento, a insegurança começou a se diluir, mas a verdadeira batalha permaneceu diante deles.

"Meus colegas", Pedro convocou, "aqui estamos para sonhar, trabalhar e celebrar. Não permitiremos que um homem estrague nossa união. Lembrem-se de como este café, que colhemos, é uma representação da nossa força coletiva!".

As palavras reverberaram e a comunidade começou a se encorajar mutuamente. Pedro e Ana, ao comparecerem sob o calor da adesão pública, contagiavam a todos com a esperança.

Carlos, por sua vez, começou a perceber que a arma da palavra sozinha não era suficiente para ferir; a força do amor e das conexões comunitárias era mais forte. Silenciosamente, ele se afastou, levando consigo a tempestade que havia gerado, enquanto os olhares voltavam-se para a dança que renascia.

Ana e Pedro, percebendo que a música agora soava como um hino de resistência, começaram a dançar em meio aos colhedores, transformando a tensão em elegância, a discórdia em simpatia. Cada movimento se tornou uma celebração de algo que era mais significativo do que o passado ou qualquer pessoa.

Ali, eles dançavam firmemente. E, enquanto a festa avançava, um senso de união superou as adversidades.

Assim, a competência deles em encarar o passado e as agitações se tornava um monumento de força e coragem, e juntos, neste grande círculo de amor e afeição, Pedro e Ana perceberam que suas histórias não eram apenas deles, mas agora de toda a comunidade, que tinha se reerguido e se restaurado apesar da tempestade. O amor, agora envolto em festividade, se tornava a verdadeira essência do café que todos plantavam juntos, no calor das esperanças renovadas.

Capítulo 11

Resoluções dos conflitos, reconciliações e a busca por um futuro melhor

O clima da festa da colheita ainda estava fresco na memória dos colhedores de Brejão. As risadas ecoavam como um eco distante, entremeadas com o perfume do café que permanecia no ar, e, enquanto a música diminuía paulatinamente, um novo cenário se desenhava diante de Pedro e Ana. A euforia da celebração não conseguia apagar aquela sensação de inquietude que ainda circulava entre a comunidade.

"Você sente isso também?", Ana sussurrou, seu olhar percorreu a praça principal que começava a esvaziar aos poucos. "A estranheza que ainda paira no ar... é como se a tensão estivesse apenas adormecida e isso provoca em mim um frio na barriga.".

Pedro concordou, passando a mão pelo cabelo úmido do calor e acalentando a cabeça com um sorriso leve para dizer que tudo iria ficar bem. "É, mas não podemos deixar que isso nos afete mais. O que aconteceu com Carlos... bem, ele virou uma sombra incômoda, mas não teremos um futuro livre se continuarmos a nos apegar ao passado."

Mas como deixar pra trás o que aconteceu? As palavras de Carlos ainda reverberaram na mente de muitos. O brilho nas danças e nas juras dos colhedores começava a perder sua luz, como se a festividade não tivesse apagado a centelha de conflitos mais profundos, enraizados na desconfiança e nas rivalidades que tinham surgido.

Os colhedores começaram a se dispersar, mas as conversas sussurradas se mostravam tensas e o clima parecia ficar pesado. Pedro e Ana notaram olhares que se desviavam, acompanhados de murmúrios que pareciam pesar na atmosfera. "Estou preocupada não apenas com nós dois, mas com o que isso pode gerar. Se não falarmos e resolvermos essa situação, as divisões podem se expandir e estragar tudo.".

"Vamos conversar com os outros, Ana. Se não falamos abertamente sobre isso, nada mudará", sugeriu Pedro, segurando firmemente a mão dela. "Devemos buscar soluções, não carregar fardos que não são nossos.".

Foi assim que decidiram buscar os outros colhedores que ainda estavam na festa, observando o que permaneceria deles. Entre muitos conhecidos e alguns sigilosos, Pedro abordou uma mesa onde alguns colhedores estavam discutindo, visivelmente divididos entre aqueles que acreditavam nas palavras de Carlos e aqueles que defendiam a união.

"Oi, pessoal! Podemos conversar um pouco?", Pedro começou, ajustando sua postura, desejando estabelecer um clima de diálogo aberto e honesto.

Uma das colhedoras, com a expressão fechada, logo retrucou: "Sobre o que, Pedro? O que pode ser falado nesse momento? Carlos jogou lenha na fogueira hoje e não parece que isso vai se apagar tão logo.".

Ana se antecipou, tentando acalmar os ânimos. "Ninguém aqui está interessado em conflito. Precisamos nos unir e não deixar que opiniões dividam o que temos como comunidade, o que pode ser reconstruído juntos.". As palavras surgiram com um tom sinceramente apaixonado, e um murmúrio de apoio passou entre os presentes.

"Estamos todos enfrentando os mesmos desafios", Pedro interveio. "Se a nossa luta e as raízes das nossas diferenças forem deixadas de lado, teremos apenas um espaço para a incerteza. Em vez de deixarmos Carlos guiar nossos corações e nossas vozes, devemos fazer com que nossos próprios sentimentos prevaleçam.".

As tensões começaram a baixar com o calor da conversa. Os colhedores trocaram olhares, e, lentamente, a disposição para dialogar emergiu como uma flor. Um por um, os colhedores começaram a compartilhar suas preocupações, revelando medos que estavam escondidos sob a superfície.

"Às vezes, sinto que não vou entender a aceitação de todos", murmurou um colhedor mais jovem, inclinando-se para ouvir. "Como podemos construir algo se não temos confiança entre nós?".

"Dessa forma, podemos ser mais fortes", respondeu Pedro, "porque quando olhamos um para o outro, encontramos o que nos fará avançar. Seremos um reflexo das melhores qualidades que cada um possui.".

Naquele momento, sentiam que algo significativo brotava entre eles. Era um espaço, uma oportunidade de troca, onde o aprendizado e a empatia poderiam florescer.

"Precisamos mostrar que as rivalidades e qualquer desconfiança são alimentadas por palavras, mas o amor e a comunidade podem ser canteiros de resiliência", Ana acrescentou, observando como as expressões mudavam ao seu redor. "Se assim formos, podemos trabalhar juntos novamente. A verdadeira colheita é consolidar o laço que temos.".

Os diálogos fluíram trazendo à tona medos, ânsias e ladeado pela esperança e promessas de um futuro mais brilhante. Pedro e Ana se tornaram mediadores, apoiando a coragem de cada um para se abrir e expor o que lhes inquietava, ao mesmo tempo em que os provocava com todas as expectativas possíveis de serem vividas conjuntamente; o coração da comunidade começava a pulsar com nova força, com o sonho plantado e constantemente alimentado.

E assim, ao longo daquela conversa intensa e respeitosa, foi decidido que todos se reuniriam novamente para um encontro comunitário, onde poderiam discutir abertamente suas diferenças. Era o primeiro passo verdadeiro em direção à reconstrução, onde todos se reuniriam para compartilhar experiências e perceber que eram companheiros em uma jornada de vida, que, quando vista em conjunto, tinha muito a oferecer.

"Que dia extraordinário!", Ana comentou ao final daquele encontro, seu sorriso vindo à tona sob um céu que já começava a se despedir da luz do dia. "Essa é apenas uma maneira de fortalecer quem somos. E já estamos no caminho certo.".

Pedro lançou um olhar carinhoso para ela. "Estamos remando nosso presente e futuro com coragem e sob o mar da esperança.". Enquanto cessavam as conversas ao redor, dois jovens colhedores se apressaram para subir ao lado deles. Mas suas aventuras estariam apenas no começo. Com corações entrelaçados e um futuro aguardando por eles, Pedro e Ana, junto com a comunidade de Brejão, tomavam medidas significativas para reescrever seus próprios contos em busca de um futuro brilhante.

Após a intensa celebração na Festa dos Reis, a qual comemoravam a colheita, Pedro e Ana deixaram a praça, ainda absorvendo as emoções conflitantes daquele dia. O aroma do café fresco misturava-se com a brisa que passava, e os murmúrios da comunidade ressoavam em seus ouvidos. Eles se afastaram, mas a tensão pairava no ar; um eco do tumulto causado por Carlos.

"Foi tudo tão intenso... não consigo acreditar que tudo isso aconteceu", comentou Ana, sua voz tremulava levemente. "Não era isso que esperávamos para um dia de celebração junto a toda comunidade.".

"Eu sei, mas precisamos pensar no que podemos fazer agora. Temos que conversar com os outros", Pedro respondeu, determinado. "Se não enfrentarmos isso juntos, a divisão apenas se tornará maior.".

Ana assentiu, sentindo a responsabilidade do que estava por vir. "Essa tensão entre os colhedores não pode se arrastar. Não podemos deixar que Carlos determine o que somos ou o que a nossa comunidade representa. Proponho que nos reunamos com os demais e tenhamos um diálogo aberto e muito franco.".

Com essa ideia, foram até a casa de um dos colhedores mais velhos, Seu Joaquim, que sempre fora uma voz de razão na comunidade. Encontraram-no enchendo uma caneca com café recém-passado e observaram como seus olhos se iluminaram ao vê-los.

"Senhor Joaquim, poderia nos ajudar?", perguntou Pedro, a solicitação saiu como um pedido de aproximação. "Na festa, um mal-entendido tomou conta das conversas. Queremos reunir o povo, mas precisamos de alguém que possa mediar esse diálogo e que traga a sabedoria de vida.".

"É sempre bom ver os jovens tão engajados, crianças", seu Joaquim respondeu, soltando um sorriso acolhedor. "Acredito que todos nós precisemos conversar. É vital para mantermos nossas raízes juntas, sob estas imensas árvores de café que nos abrigam e oferta-nos o que há de melhor.".

Pedro e Ana se sentiram encorajados pela resposta de Seu Joaquim, e, imediatamente, começaram a compartilhar com ele as preocupações e os desafios que estavam enfrentando. "Precisamos que todos que se sentiram envolvidos pela tensão da festa consigam se comunicar antes que a desconfiança cresça ainda mais", Ana acrescentou.

"Claro!", Joaquim disse, enquanto caminhava até a mesa. "Vou organizar um encontro para amanhã à noite, na clareira ao lado da fazenda. Serão todos bem-vindos e teremos um espaço apropriado para abrir nossos corações.".

As palavras de Seu Joaquim, sempre portadoras de sabedoria e aconchego, trouxeram um alívio instantâneo a Pedro e Ana, e eles saíram da casa com um novo senso de propósito. A ideia de que poderiam contribuir para construir um diálogo transformador os enchia de uma renovada esperança.

Na manhã seguinte, grupos de colhedores foram convocados e começaram a se reunir perto da clareira. O clima estava carregado de diferentes sensações e emoções; conversas sussurradas e olhares desconfiados preenchiam o espaço. Pedro e Ana chegaram mais cedo, prontos para intermediar a conversa. Uma parte deles se sentia insegura, mas as outras, formadas pelo afeto e pelo desenvolvimento, estavam motivadas a criar um espaço seguro, onde suas experiências pudessem finalmente ser compartilhadas.

Quando todos estavam reunidos e prontos para começar, Seu Joaquim, como mediador, tomou a palavra. "Agradeço a presença de todos. Hoje, não somos só colhedores, mas uma ponte entre nossos medos e esperanças. Esta clareira é um símbolo do que podemos cultivar juntos: união e entendimento. Por favor, falem o que pensam e compartilhem o que sentem.".

Os colhedores começaram a compartilhar suas experiências, e tanto Ana quanto Pedro ficaram impressionados com a vulnerabilidade que cada um estava disposto a mostrar. "Senti que não podia falar porque tinha medo do julgamento", disse uma colhedora, com lágrimas nos olhos. "Às vezes, as divisões que criamos são mais dolorosas que as feridas que carregamos.".

As histórias se entrelaçavam, e a origem do conflito surgiu como uma semente, que, quando bem nutrida, poderia florescer. E assim, a clareira floresceu com narrativas transformadoras de vidas. Até mesmo as divisões foram comentadas, desafios compartilhados e dúvidas dissiparam-se lentamente a cada palavra sincera que os presentes compartilhavam de forma tão natural.

Pedro e Ana observaram a magia do diálogo acontecendo: o amor se revelava como um poderoso elixir, curando os corações divididos da comunidade. O medo e a desconfiança estavam evaporando, e um novo consenso emergia naqueles olhares, agora, mais acolhedores.

Finalmente, após muitas partilhas, Seu Joaquim tomou a palavra novamente. "Fico satisfeito em ver essa linda união se formando. Nós, assim como os cafezais, sabemos que é no calor e na umidade que as sementes germinam.".

Com essa mudança de clima, todos puderam sentir a energia transformadora dos laços que começavam a se estabelecer. Pedro e Ana, agora seguros de sua posição dentro da comunidade, compreenderam que, juntos, poderiam construir junto a toda comunidade um futuro mais brilhante.

Por meio desse processo de diálogo e reconciliação, a clareira não era apenas um lugar onde estavam reunidos, mas um novo começo que os dividia, e, ao mesmo tempo, os unia num único propósito: o de serem felizes juntos.

O sol começou a se pôr, e a clareira ficou iluminada por um suave brilho dourado que tornava cada espaço sagrado. Eles perceberam, agora bem mais fortalecidos, que a verdadeira colheita estava sendo cultivada: sementes de amor, compreensão e perdão, prestes a florescer em uma nova safra de esperanças e sonhos.

E assim, ao final daquela noite, todos puderam sentir que havia, em suas veias, o outro café: a força da unidade que poderia superar qualquer desafio que o futuro os reservasse.

As palavras ressoaram entre os presentes, e aos poucos os muros foram sendo quebrados. Um a um, os colhedores foram se manifestando, tocando em suas emoções mais profundas a desconfiança, a dor, e também a esperança. Ao exprimirem seus medos, muitos descobriram que não estavam sozinhos na batalha interna que travavam diante das dificuldades que afetavam a todos.

Aquilo se tornara um verdadeiro palco de histórias; entre lágrimas e risos, os relatos foram interligando-se, criando uma teia de solidariedade. Pedro e Ana se tornaram, então, facilitadores daquela nova rede de união. Por meio de histórias que brotaram da terra e experiências que floresceram entre trabalhadores dedicados, cada um encontrou sua voz.

"Aprendemos que divisão traz desgraça, enquanto o diálogo é o caminho da superação", falou um colhedor mais jovem, sua voz carregada de determinação. "Estamos aqui para trabalhar juntos, não contra os outros. O café que colhemos é nosso legado.".

E assim, em meio a um calor renovado de empatia, os sentimentos se transformaram. O que antes era medo se tornou um pacto de liberdade, onde cada um poderia se sentir seguro para expressar seus anseios. Pedro sentiu que finalmente havia um caminho surgindo entre eles, que emergia para o mesmo propósito, um esforço coletivo que poderia, mais uma vez, levá-los a se reconectar como comunidade.

Capítulo 12

A nova esperança para Brejão

A luz suave da manhã se espalhava pelos cafezais de Brejão, trazendo consigo a promessa de um novo começo. O aroma do café fresco permeava o ar, enquanto os colhedores se reuniam, energizados pela renovada esperança que florescera após os encontros e diálogos que mudaram o rumo de suas vidas. Pedro e Ana estavam entre eles, e a satisfação parecia brilhar em seus rostos, irradiando uma confiança que antes parecia distante. "Nossa comunidade finalmente encontrou seu caminho", Ana refletiu, os olhos brilhantes com a determinação que sentia dentro de si. "É incrível como, após tanta turbulência, estamos aqui, juntos e unidos nesse grandioso propósito.".

Pedro concordou com um gesto, seu olhar envolvido por carinho e admiração, observando os outros colhedores se prepararem para mais um dia de trabalho. E falou: "Sim, e tudo começou com nossas conversas sinceras. Cada um aqui tem uma história para contar, e cada história agrega força à nossa união", disse ele, um sorriso suave se espalhando por seus lábios.

Enquanto caminhavam entre os cafezais, percebia-se um clima de alegria renovada. Os colhedores compartilhavam risadas e praticavam o que aprenderam nas reuniões anteriores, o valor do respeito mútuo e da colaboração. A Festa de Reis não era simplesmente uma tradição, mas um símbolo do que a comunidade se tornara após o conflito. A interconexão entre eles ganhara novas dimensões, e agora todos pareciam acreditar na possibilidade de um futuro ainda mais permeado pelo sucesso com a unidade comunitária.

Ana olhou para o céu, as nuvens se dispersando lentamente mostrava um azul claro belíssimo. "Nós realmente conseguimos resolver as pendências, curar as feridas e vermos a beleza no que construímos juntos. Sobretudo, porque disseminamos o amor que temos pelo café e pela terra", afirmou, com um toque de emoção na voz.

Pedro segurou a mão dela, confortavelmente. "Sim, a nossa colheita, a nossa história. Cada grão representa conhecimento, desafios superados e laços fortalecidos. Agora somos mais do que simples colhedores; somos uma comunidade que se apoia em tempos difíceis", respondeu ele, com um brilho nos olhos.

Chegando à clareira, onde se realizaria uma nova assembleia comunitária para discutir projetos futuros, uma multidão de colhedores convergia, todos ansiosos por compartilhar ideias novas. O murmúrio de vozes soava promissor, e as expressões refletiam uma união que se fortalecia a cada novo instante.

"Meus amigos!", Seu Joaquim começou, sua voz calorosa ressoando. "Estamos aqui hoje para celebrar não apenas o café que colhemos, mas também o amor que cultivamos entre nós. Estamos prontos para transformar nossa tristeza em esperança e garantir que nossas colheitas sigam criando raízes profundas nessa terra que amamos.".

As palavras do ancião fluíram, criando um laço forte entre todos. O que antes era rivalidade agora era promovido à força. Os colhedores levantaram-se em aplausos, e a energia do amor e da união preenchia o ar. Ana e Pedro se entreolharam, reconhecendo a força que havia sido emergente em cada um deles desde que decidiram conversar abertamente sobre seus medos e esperanças.

Os colhedores se organizaram em grupos, discutindo iniciativas para o novo festival da colheita, desta vez sendo uma celebração ainda maior, onde cada um teria a chance de participar ativamente. Histórias de desafios passados se misturaram com planos audaciosos. O jeito que a comunidade se unia ao discutir suas ideias intensificava uma sensação de pertença e de propósito coletivo.

"Vamos celebrar nossa diversidade! Nossa força vem exatamente disso", sugeriu um colhedor mais velho, animando todos ao seu redor. "Que tal criarmos um dia em que cada um pode trazer seus costumes, danças e pratos? Assim, poderemos explorar juntos uma nova tradição!".

As opiniões fervilhavam e as ideias floresciam da mesma forma como as flores dos cafezais. A participação de todos parecia garantir que o festival seria mais que uma simples celebração, seria uma reafirmação do espírito da comunidade e sua diversidade.

Ana, inspirada, disse: "E precisamos lembrar que o café é o que nos une, mas também somos nós, juntos, que o tornamos especial. Que esse festival reflita tudo o que conquistamos!".

Os sorrisos radiantes preenchiam a clareira, e cada colhedor, desse modo, tornava-se um veículo das emoções que fluíam naquele espaço. Numa atmosfera tão calorosa, as disputas do passado tornaram-se visões de aprendizado e crescimento.

O encontro terminou com um acordo sobre a nova celebração, e a expectativa no ar parecia palpável. A comunidade estava renovada e sentia-se pronta para cultivar o futuro que desejava, com cada um desempenhando um papel fundamental na narrativa que estavam desenhando juntos.

Ao retornar para casa, Pedro e Ana pararam em meio ao cafezal. Eles respiraram fundo, sentindo a brisa suave que acariciava seus rostos. "Ela está mais viva do que nunca", Pedro sussurrou, referindo-se tanto à terra quanto à comunidade.

"É verdade", Ana respondeu, olhando para o horizonte. "E essa é apenas a primeira de muitas histórias que ainda vamos viver aqui. Brejão renasceu, e com ele, o nosso amor.".

E sob a luz estavam eles, aproveitando a beleza do agora e contemplando um futuro vibrante, cheio de novas expectativas. A história de amor, luta e resiliência se entrelaçava na terra rústica de Brejão, deixando marcas indeléveis de um espírito inquebrantável. Era apenas o começo de novas colheitas, onde cada grão firme fazia eco ao que significava um novo amanhecer repleto de esperança.

Assim, em um momento marcado pela força da coesão e pela luz da esperança, era hora de deixar o passado como um marco de aprendizado e celebrarem o que estavam criando juntos, um legado de amor que se proliferava não simplesmente por uma relação profissional, mas também de amizades e amor à vida comunitária.

A nova esperança começava a brotar em Brejão, como as flores que despontavam nos cafezais após uma chuva renovadora. O aroma dos caroços de café preenchia o ar, e, naquelas primeiras horas de um lindo dia ensolarado, a comunidade se reunia para dar início a um capítulo repleto de possibilidades e união. A energia vibrante da manhã infundia uma nova vida aos colhedores que, embalados por sorrisos, tinham a certeza de que estavam prontos para reescrever sua história.

Enquanto os colhedores chegavam à clareira, Ana e Pedro caminhavam juntos, de mãos dadas, atravessando o caminho coberto de folhas frescas. "Tudo mudou tão rapidamente, Pedro. Mal consigo acreditar que estamos realmente prontos para um novo começo", disse Ana, olhando para os rostos dos vizinhos que, com entusiasmo, se preparavam para a grande reunião.

"É verdade. O que vivemos nos últimos dias só mostrou como somos mais fortes juntos. Cada um de nós traz algo único, e é isso que fará a diferença", Pedro respondeu, seu semblante carregado de determinação.

À medida que o sol subia no céu, aquecendo o campo, os colhedores começaram a compartilhar ideias e discutir planos novos para o futuro. Pelos rostos deles, percebia-se que aquela não era uma simples troca de palavras; era uma reconstrução dos laços que agora se faziam mais profundos, mais sólidos. Ali, estava nascendo um novo espírito comunitário.

Ao longo da conversa, Seu Joaquim tomou a liderança, com seu tom caloroso e acolhedor. "Queridos amigos, hoje não estamos apenas colhendo somente grãos de café. Estamos colhendo amizade e renovando nossa esperança! A partir deste momento, cada um de vocês será parte fundamental para que possamos crescer juntos como comunidade", destacou, sua voz ecoando com aplausos de incentivo.

Os colhedores uniram suas vozes, compartilhando histórias que refletiam suas lutas e conquistas. "Às vezes, a sombra da discórdia paira sobre nós, mas o amor que nutrimos por nossa terra e pelos nossos vizinhos é sempre mais forte", comentou um colhedor mais velho, e logo outros se uniram a ele, revelando experiências parecidas.

"Vamos transformar nosso festival de colheita não apenas em uma celebração do café, mas um tributo à nossa força coletiva", sugeriu outra colhedora, suas palmas batendo de entusiasmo. A proposta de um festival que abraçasse todas as culturas e tradições da comunidade começou a ganhar forma.

Dentre as risadas e trocas de ideias, Pedro e Ana se entreolharam, percebendo que estavam diante de algo verdadeiramente significativo, quase mágico. Assim, impulsionados por um sentimento de renovação, decidiram se envolver ativamente na comunicação de como cada borgo poderia se unir, refletindo seus desejos, esperanças e necessidades.

"E que tal um concurso de receitas? Onde cada um traria um prato típico para compartilhar", sugeriu Ana, seus olhos brilhando, enquanto a multidão refletia sobre a ideia. "Assim, nas músicas, nos pratos e nas danças, nós poderíamos compartilhar nossas identidades e as coisas que amamos.".

"Estamos fazendo isso! É hora de mudar a história de Brejão", Pedro proclamou, e a aclamação que se seguiu fez vibrar o coração de todos. O passado de desconfiança estava, finalmente, se desvanecendo, e novas raízes estavam sendo lançadas.

Cada colhedor trouxe contribuições únicas – alguns planejavam os elementos alimentares, outros cuidariam da decoração e das apresentações. A animação desse verdadeiro esforço coletivo fazia com que as cicatrizes deixadas pelos conflitos se dissolvessem aos poucos. Passo a passo, a ideia de um novo festival não apenas institucionalizava a união, mas também solidificava algo que ia muito além do café: era um manifesto do amor que lutavam por preservar a identidade de um povo.

As reuniões fluíam por dias, sempre repletas de encontros e reencontros. Aos poucos, foi possível perceber uma nova era se aproximando, uma onde Brejão seria lembrada não apenas pela qualidade de seu café, mas também pela força humana que emanava de seus habitantes.

Ao final daquele intenso ciclo de planejamento, Pedro e Ana olharam as flores nos cafezais, um testemunho da resiliência e compromisso deles. "Eu sinto como se agora realmente fôssemos parte desta história, que seja apenas nosso!", Ana sussurrou, encantada pela transformação da comunidade; "E nós vamos garantir que continue assim. Isso é só o início.". Pedro respondeu, com seus olhos luminosos, enquanto contemplava o futuro brilhante que se desenhava à frente.

Assim, em um momento de pura alegria e renovação, Brejão estava prestes a descobrir a magia que existia em sua própria união. Um novo festival caminhava para se tornar uma realidade, e com cada risada e história trocada, provocava o amor incomensurável por sua terra que crescia intensamente, prestes a florescer de maneira grandiosa.

O aroma do café fresquinho inundava o ar, e a luz suave da manhã em Brejão trazia uma sensação de que o passado estava finalmente se assentando, permitindo que as esperanças florescessem. À medida que os colhedores se reuniam, um novo espírito tornava-se aparente. O evento daquela manhã era um símbolo da jornada que haviam atravessado juntos, e agora, o futuro estava diante deles como um desdobramento vibrante, cheio de promessas e novas aventuras.

"Olha só as faces dessas pessoas", Pedro comentou com um sorriso, enquanto observava os colhedores rirem e conversarem animadamente. "Finalmente, conseguimos! O que aconteceu na festa da colheita nos trouxe aqui, e vejo a unidade que sempre sonhei.".

Ana fitou com olhar fixo o horizonte, onde os cafezais se estendiam até onde a vista alcançava. "Essas raízes profundas não cresceram apenas no solo, mas em nossos corações", disse ela, tocando suavemente a mão de Pedro. "Aqui, entre o aroma do café e a música da natureza, encontramos o que realmente importa para nossas vidas.".

No centro do vilarejo improvisado, Seu Joaquim, sempre sábio e acolhedor, levantou a mão para chamar a atenção. Sua presença emanava respeito. "Queridos amigos, hoje não estamos apenas celebrando nossa colheita; estamos colhendo amor, compaixão e entendimentos para transformar Brejão em uma verdadeira comunidade.".

Os aplausos ecoaram ao redor, e as pessoas se reuniram em um grande círculo, preparando-se para compartilhar suas ideias e reivindicações. A energia no ar era palpável, cada um carregando consigo a expectativa de novas experiências, de um festival que integrasse cada aspecto da diversidade que havia sido tão visível nas últimas semanas.

"Quero que este festival represente além do nosso café; que seja uma celebração de cada folheto que carrega a história de quem somos.", propôs Ana. "Vamos cultivar nossas tradições e histórias. Precisamos mostrar ao mundo que Brejão é muito mais que produtora de grãos de café fantásticos; porque somos todos nós aqui a alegria, luta, redenção e superação.".

As contribuições começaram a fluir quase que naturalmente. Os colhedores começaram a falar sobre danças, pratos típicos, músicas e tradições que poderiam incluir. Um ambiente vibrante foi se estabelecendo e cada voz tornava-se um elemento precioso do mosaico comunitário.

"Eu posso fazer a dança da minha avó", disse uma jovem colhedora, seus olhos brilhando de empolgação. "Ela sempre dizia que as danças trazem sorte ao ciclo da colheita!".

"E eu trago o prato de raízes da família!", outro colhedor anunciou, quase numa empolgação. A cada proposta, a comunidade se unia mais, entre risadas e planos compartilhados. Os laços foram se entrelaçando, transformando o que antes era uma estrada tortuosa em uma gigantesca festa colorida, repleta de símbolos da renovação.

Os ensaios começaram imediatamente a tomar forma e a animar toda a comunidade. As músicas, danças e o cheiro dos pratos típicos invadiram as ruas, e como que uma brisa leve, adentrava os lares e estabelecia memórias afetivas antes inimagináveis. Naquela atividade coletiva, todos sentiam que participavam da grande história de suas vidas. O festival emergia como um espaço não só de celebração, mas também de cura e união.

Ao final do dia, eles se reuniram em um prédio central, onde todos apresentaram seus ensaios e compartilharam os pratos que tinham preparado. Pedro e Ana abraçavam um ao outro, testemunhando a labuta não só do corpo, mas também da alma, resultando numa noite onde as preocupações pareciam ficar para trás, dando lugar ao que realmente importava: a unidade conquistada de toda a comunidade.

O estardalhaço das vozes e o entusiasmo contagiante irromperam pela noite, enquanto música e risadas se desenrolavam sob o céu estrelado. À medida que dançavam ao som da festa, Pedro olhou nos olhos de Ana e pôde sentir que ali se encontrava seu lar e o amor de sua vida. Mais do que qualquer bem material, era a conexão, o amor que unia aquela comunidade na qual ambos estavam imersos.

"Isso é mais que um festival, Ana", falou Pedro, com um sorriso sincero, anotando no fundo de sua mente. "É a confirmação de que juntos podemos superar qualquer desafio. Não há limites para o que podemos fazer se encararmos a vida com amor e resiliência.".

Em um momento mágico, Pedro subiu no pequeno palanque, chamando a atenção de todos. "Pessoal! Este festival é fruto dos nossos esforços, tudo isso é uma representação do que construímos juntos. É a chance de mostrarmos ao mundo o que realmente somos e o que podemos fazer. Vamos garantir que este amor perdure, muito além de hoje!".

Com o apoio extraído do entusiasmo coletivo, encontraram novos espaços para seus corações se solidificarem. O festival da colheita se tornou um reflexo do que significava ser parte de Brejão. E ali, sob a luz da lua, promessas de união contínuas e celebrações saltavam como flores que brotavam em solo fértil.

Após o dia intenso, as horas transcorreram, mas as memórias que estavam sendo criadas ali sempre habitariam nos corações. Quando o último acorde foi tocado e as últimas danças foram dançadas, ficou claro que Brejão se tornara, finalmente, não só um lugar, mas um território onde esperanças e sonhos sempre floresceriam.

Ao olhar uma última vez para os cafezais iluminados sob a luz da lua, Pedro e Ana sentiram a emoção das últimas palavras. "Nosso amor e esta comunidade serão eternamente nossa herança. Que possamos sempre lembrar que, juntos, somos mais fortes e capazes de construir um futuro radiante.".

Assim, respeitosamente, a comunidade se dedicou a um momento para não só refletir, mas também reafirmar seu compromisso com um novo amanhã. E, nessa união pavimentada, sempre haveria uma colheita que nunca terminaria. A produção do afeto, do amor e dos laços que uniam cada um que estava presente naquele seu pedacinho de mundo tão especial.

O aroma do café fresco invadia a clareira de Brejão, enquanto a comunidade se reunia em um clima de celebração. Aquela não era apenas uma colherada do café que tanto amavam, mas uma manifestação vibrante da determinação de um povo que soube renascer das cinzas de um passado conturbado. Pedro e Ana observavam todo o movimento ao seu redor, sentindo a energia contagiante que preenchia o ar transformado pela energia disseminada pela unidade criada entre a comunidade.

"Hoje é o dia em que iremos mostrar a força de Brejão", destacou Pedro, tomando a mão de Ana com afeto. "Olhe quantas pessoas vieram", disse ele, gesticulando para a multidão. Faces antes conhecidas agora brilhavam com um novo propósito, um novo ideal compartilhado.

Ana sorriu, seu sorriso irradiando uma esperança renovada. "Cada um tem sua história, mas agora, juntos, somos uma só voz. O festival não é apenas sobre o café, mas sobre o renascimento da nossa comunidade.".

À medida que o sol se erguia, inclinando-se em direção ao céu azul, os colhedores começaram a dançar, celebrar e festejar. As danças tradicionais se somavam a novos ritmos, simbolizando a fusão de culturas e histórias. Era como se cada movimento contasse uma parte da história que eles haviam vivido e superado.

Em um determinado momento, um grupo de colhedores se uniu ao centro da clareira com grandes canastas, transbordando alegria e energia. "Vamos lembrar do que nos trouxe até aqui!", um dos colhedores exclamou, e a multidão aplaudiu calorosamente.

Os momentos se desenrolavam em uma maré de riso e união. Os colhedores compartilharam suas receitas familiares, trazidas como um tributo ao legado que viviam. As mesas estavam recheadas de pratos coloridos, aromas mesclando-se em cheiros característicos, um símbolo do que a colaboração e a amizade podem proporcionar.

"Vamos fazer deste festival uma nova tradição", sugeriu Ana durante as conversas com os outros colhedores. "Que não haja uma só colheita sem que celebremos juntos, respeitando cada história.".

Discursos foram feitos, quebrando as barreiras que antes existiam. Cada frase continha uma centelha de alívio; cada história narrada era uma forma de exaltar a união, um manifesto do que o amor à terra e às pessoas pode promover. A nova era de Brejão já batia à porta.

Ao cair da noite, as luzes típicas das festas tradicionais se acenderam, refletindo a magia do momento. A música e a dança tomaram conta da atmosfera, enquanto copos se erguiam em brindes. "Ao nosso passado, ao nosso presente e ao futuro que estamos construindo juntos!", exclamou Pedro, sentimentos multiplicados entre ele e Ana.

E assim, na clareira em celebração, o que antes eram rivalidades se tornaram promessas de coesão. Pedro e Ana, de mãos dadas, sentiam que a nova era não estava apenas começando, mas pulsava nas veias de cada um. Haviam construído um elo que transcenderia gerações, um legado que geraria frutos das experiências superadas e da força coletiva que impulsionou cada um deles.

Comemorando sob a extensa constelação, a luz da lua filtrava-se entre as árvores, revelando um cenário vibrante, onde o amor e a esperança floresciam. Brejão renascia, esbanjando alegria, consciência e determinação. E junto à colheita simbólica que celebravam, o futuro se apresentava com inovações e sonhos mais audaciosos, inspiração que perduraria para sempre em suas vidas.

Naquela noite mágica, olhar para trás era apenas uma opção, pois o que agora os posicionava era o presente: um futuro iluminado e alegre esperava por eles, como um novo café fresco a ser colhido com amor, no pulsar sempre vibrante daquela pequena, mas forte comunidade.

Querido leitor,

Ao virar a última página desta história, não posso deixar de refletir sobre a jornada que compartilhamos juntos em Brejão. Entre cafezais e colhedores, entre amor e desafios, cada página foi escrita com emoção e a certeza de que a vida sempre nos proporciona novas lições. Aqui, neste vilarejo onde o sol brilha com intensidade, aprendi que a união é a força capaz de transformar qualquer adversidade em oportunidade, e que o amor verdadeiro supera barreiras e renova esperanças.

Espero que, assim como Pedro e Ana, você também tenha sentido a paixão por novas possibilidades e a beleza que reside nas conexões humanas. Que as dificuldades enfrentadas pelos nossos personagens possam te inspirar a lutar por seus sonhos e a valorizar as pessoas ao seu redor.

A história de Brejão é uma celebração à vida, um convite à resiliência e à valorização das raízes que nos sustentam. Que cada um de vocês encontre um pouco de si nesses cafezais e leve consigo a mensagem de que os maiores tesouros estão nas relações que cultivamos e nas sementes de amor que plantamos nas nossas vidas.

Grato por me acompanhar nesta jornada.

Valter Albuquerque